UĞUR KOŞAR

BEŞ RAHMET KAPISI

DESTEK
yayınları

DESTEK YAYINLARI: 476
TASAVVUF: 17

BEŞ RAHMET KAPISI / UĞUR KOŞAR

Genel Yayın Yönetmeni: Ertürk Akşun
Editör: Aslı Bahşi
Kapak Tasarım: İlknur Muştu
Sayfa Düzeni: Cansu Poroy

Destek Yayınları: Temmuz 2014 (30.000 Adet)
Yayıncı Sertifika No. 13226

ISBN 978-605-4994-82-3

© Destek Yayınları
İnönü Cad. 33/4 Gümüşsuyu – Beyoğlu / İstanbul
Tel.: (0) 212 252 22 42
Fax: (0) 212 252 22 43
www.destekyayinlari.com
info@destekyayinlari.com
facebook.com/ DestekYayinevi
twitter.com/destekyayinlari

İnkilap Kitabevi Baskı Tesisleri
Matbaa Sertifika No. 10614
Çobançeşme Mah. Altay Sk. No. 8
Yenibosna – Bahçelievler / İstanbul
Tel.: (0) 212 496 11 11

UĞUR KOŞAR

BEŞ RAHMET KAPISI

DESTEK
yayınları

İÇİNDEKİLER

UĞUR KOŞAR KİMDİR?

TTS (Theatrical Therapy System) ve Nur Terapisi'nin kurucusu olan ruhsal danışman ve yazar Uğur Koşar; kendisini fıkıh, tefsir, hadis ilmi açısından geliştirmenin yanında zihin ilimleri olan bilgelik ile sufiliği (kalp gözüyle bakışı) harmanlayarak kendine özgü üslubuyla insanların kendi öz varlıklarıyla buluşmasına, böylece kalıcı bir huzura kavuşmasına yardımcı olmaktadır.

Bütünden yana olan Uğur Koşar, "Bilim ve ilim ayrılamaz, dünya Kuran üzerine kuruludur..." diyerek; zihin, ilim ve psikolojiyi birleştirip terapilerinde başarıya ulaşmıştır.

Uğur Koşar der ki: "Ben sizi yeni bir şeyle tanıştırmıyorum, sadece unuttuğunuz kendi özünüzle tekrar buluşmanıza vesile oluyorum. Yaşam matematik değil bir şiirdir ve içinde nefes aldığınız bu hayat, beyinlerin gelişmesinden öte yüreklerin ve ruhun olgunlaşmasıyla gelen bir kutlama olmalıdır."

Böylece yaşamanın aslında bir sanat olduğunu anlatmaktadır.

Onun görüşüne göre mutsuz insan yoktur, mutlu olacağına inanmayan insan vardır ve insanları yorgun kılan yaşam değil, taşıdıkları maskeler ve inandıkları kalıplardır.

Uğur Koşar, "Her soru önce kendi cevabını doğurur..." sözleriyle insanların aradığı cevapların aslında kendi derinliklerinde mevcut olduğunu ifade etmektedir.

O, yaşam yolculuğunda insanların kendilerini keşfetmeleri ve kendi derinliklerinde bulunan mevcut cevaplara ulaşmaları adına; onları sadece düşündürmeye, idrake ulaşmalarına ve baktıklarından daha derine odaklanarak Allah'ın kendilerine sunduğu hediyeleri görmelerine-kucaklamalarına yardımcı olmaktadır.

● Yaşam geçmiş ile gelecek arasında açmış bir çiçektir; onu, sadece şimdiki anın içinde koklayabilirsin.

● Kendi hayatını yaşamıyorsan yaşadığın hayat senin değildir!

● Dışarıda mucize arama mucize sensin!

● Önemli olan hayatın ne zaman son bulacağı değil, onu ne zaman hissederek yaşamaya başladığındır.

● Ben size mutlu olmayı değil, mutluluğa dönüşmeyi gösteriyorum.

● Allah kitaplarını, peygamberlerini insana göndermişken, cennetinin kapılarını ona açmışken ve sana bu kadar çok değer veriyorken; sen nasıl olur da kendine değer vermezsin?

● Sadece yaşamın gerçekliğine uyum sağla, ruhun ağlamaya ihtiyacı varsa ağla, gülmeye ihtiyacı varsa gül; her deneyimi yaşa, kontrol etme. Şayet kontrol edersen bütün enerjini dışarıya akıtmış olacaksın. Sessiz ol ve yaşamın akışını izle; tefekkürde kal, o akışta gelen her şey bir rahmettir.

Onun bu sözleri insanlara farkındalık kazandırmaya yöneliktir.

Uğur Koşar, insanlığın temel sorunlarından birini ise şöyle ifade etmektedir:

"İnsanlar isyanda, hayat çoğu için yaşarken bitmiş durumda; çünkü hep başkalarının hayatını yaşamaktalar. Bu hayat onların değil, başka bedenlerde, başka ruhlarda hayat buluyorlar ve onlar gidince hayat da anlamını yitiriyor. İnsanlığın en büyük sorunu budur. Kendi hayatını yaşamıyorsan yaşadığın hayat senin değildir. Nasıl olabilir ki? O hayat başkasına bağlı ve o gittiğinde yahut ilgisini yitirdiğinde sen de eriyor, tükeniyorsun! Olanları izlediğinde şahit olacaksın ve o zaman varlığın hakikate uyanacaktır."

ÖNSÖZ

Allah'a uzanan yollar sonsuzdur; biz bu kitabımızda sadece beş tanesini, belki de en yüksek derecede olanları paylaştık sizinle: Aşk, Bilge, Derviş, Ermiş ve Sufi...

Bir söz vardır ya hani, "Bir kitaba bedel" deriz. Bir söz, sadece bir cümle insanın hayatını değiştirebilecek niteliktedir hani... İşte bu kitabımızda da size yüreklerinize, ruhlarınıza dokunacak yüzlerce öz sözümüzü paylaştık.

Bir insanın yaşamının değişmesine vesile olabileceksek bir insandan dua alabileceksek ne mutlu bize... Kulluk makamı en yüksek makamdır aslında. Allah'a kul olabiliyorsak bu bize kâfidir... Allah'ın rahmetine nail olabilmekten, onun rızasını kazanmaktan öte ne olabilir ki!

Dileğim, bu sözleri sadece okumakla kalmayarak içselleştirip tefekkür ederek yaşamımıza uygulayabilmek... Bilgi sadece yorgunluk getirir, bu yüzden bilgiyi hayata sokmak bizi huzurlu kılacaktır.

Bu kitabı eline aldıysan bile niyetinin temizliğindendir. Allah, ihtiyacın olduğun anda, dayanamayacağın ana geldiğinde kapı açar. O kimseye taşıyamayacağından fazla da yük vermez. O halde bu buluşmamız bir tesadüf değil, tevafuktur. Senin duan bizi buluşturdu...

Dua da bu yolda çok önemlidir. Dua, Allah ile kul arasındaki bir köprüdür.

Efendimiz (SAV), bir Hadis-i Şerif'lerinde şöyle buyurmuşlardır:

"Kime duâ kapısı açılmış ise ona rahmet kapıları açılmış demektir."

(Tirmizî: 3542)

Aslında, Allah'ın rahmeti hep üzerimizdedir; yeter ki biz bunun farkında olabilelim. Manevi uyanıştan uyanalım. Yoksa biz Allah'tan ayrı değiliz; aksine ruhundan bir parçayız. O halde "ben"i bırakıp "O"na erişmek dileğimle...

UĞUR KOŞAR'IN
TERAPİSİ HAKKINDA

(İnsanların Uğur Koşar'a dünyanın dört bir yanından gelmelerinin sebebi; panik atak, anksiyete, takıntı, özgüven eksikliği, depresyon sorunlarına tek seansta ilaçsız çözüm sunduğu içindir. İlginize teşekkür ederiz...)

Uğur Koşar terapisiyle ilgili şu sözleri dile getirmiştir:

"Öncelikle şunu çok net belirtmeliyim: Terapi görmek için yıllarca uzmanlara, psikologlara gitmiş ama çare bulamamış insanlarla görüşmeyi seçiyorum. Bunu sana kimse söylememiş olabilir, fakat depresyon artık senin aydınlanmanın, çiçek açmanın habercisidir. Bir çiçek tohumunu düşün; tohumun filizlenmesi, çiçek vermesi için nasıl ki artık son derece patlamaya hazır duruma gelmesi gerekiyorsa insan da depresyondayken çiçek vermeye hazır demektir.

Yahut gebe bir kadını düşün lütfen. Onun doğum gerçekleştirmesi için dokuz ay sürenin geçmesi, artık karnının burnuna gelmesi, bir patlamaya bir sıkışmaya hazır olması gerekir, öyle değil mi? Yoksa bebek sağlıklı doğmayacaktır. Bebek dört aylıkken doğarsa ölecektir. İşte bu yüzden senin dibe vurman, depresyonda olman benim için son derece güzel bir şey. Bana artık senin çiçek açmana yardımcı olmak, sadece bu negatif enerjini pozitife dönüştürmek kalıyor.

Psikolojik sorun yoktur, sadece zihinsel bir işletim hatası vardır. İnsan zihni kullanmasını bilmiyor; çünkü onun kullanma talimatını kimse vermedi! Ben insanlara zihnin nasıl kullanılacağını gösteriyorum ve onlar kolayca özlerine ulaşıyor, kalıcı sonsuz huzurla tanışıyorlar, tek sırrım budur.

Burada olduğuna göre uzmanlara, psikiyatrlara gitmiş, ilaçlar almış ama kendi özünle buluşamamış olmalısın. Sana yardımcı olamadılar, çünkü sen derin bir uykudasın, tıpkı geceleri yatağında uyuduğun gibi. Bu durumda sana verilen komutları algılayabilir, onları idrak ederek yaşamında uygulayabilir misin?

Hayır, bunu nasıl yapacaksın? Sen zaten bir uykudasın... Uykuda olan hiç kimse dışarıdan verilen komutları rüyasında uygulayamaz. Bu yüzden psikologlar, psikiyatrlar insan üzerinde kalıcı bir mutluluk sağlayamamıştır; çünkü onlar farkında olmadan insanlar derin uykunun içindeyken terapi vermişlerdir! Kişinin öncelikle derin uykusundan uyandırılması gerekir ve benim yaptığım sadece sizin uyanmanıza yardımcı olmaktır, sonsuz huzur ise tıpkı kâbuslu bir rüyadan uyanır gibi kendiliğinden bir anda gelecektir."

"İnsanları yorgun kılan hayat değil, taşıdıkları maskeleridir" diyerek de birçok insanın farkında olmadan takmış olduğu maskelerinden sıyrılarak kendi özüyle buluşmasını sağlayan üstat, şu sözleriyle insanları farklı bakış açılarına yönlendirmektedir: "Sorun hiçbir zaman problemler değildir, yaşam yolculuğunda problemler her zaman olacaktır, asıl sorun, zihnin oyununa gelerek problemlerle özdeşleşmemiz, onlara bir mıknatıs gibi yapışmamızdır."

Uğur Koşar "Mutsuzluk, zeki insanın bilgeliğe dönüşüm aracıdır" diyerek danışanlarına, acıyı bir araç olarak kullandırıp sonra onu sonsuz bir huzura dönüştürmekte ve kendine özel öğretisiyle görüşme seanslarında bunu yaşatarak anlatmaktadır.

Usta, "Dikkatle izlemenizi isterim. Biri sizi üzdüğünde o aslında size sadece bir iğne batırmıştır; öfke, tepki, üzüntü ise sizin içinizden yükselir!" diyerek insanları kendi içine yönlendirip orada özü merkeziyle buluşturarak sorunların sonsuz bir huzura dönüşmesine; kendine özgü birçok öğretisiyle danışanlarının farkındalık kazanmasına ve bilgelik boyutuna ulaşarak aydınlanmasına yardımcı olmuştur.

Psikologlar kitaplarını ve terapisini tavsiye etmektedir. Ünlü isimlere, birinci ligden futbolculara, yaşam koçlarına da terapi veren Uğur Koşar, görüşmelerini, İstanbul Mimaroba'daki özel çalışma ofisinde yapmaktadır.

Üstadın geliştirdiği, TTS (Theatrical Therapy System) tek seanslık başarı için geliştirdiği en ideal terapi sistemidir.

Kendisine **www.ugurkosar.com** adresinden ulaşabilirsiniz.

beş rahmet kapısı

AŞK

AŞK

Allah'a uzanan birçok yol vardır, der Hz. Mevlana ve devam eder, ben aşkı seçtim, diye.

İnsan benliği bırakıp yüreği ile yaşama baktığında aşktan başka bir şey göremez ki? Her şeyde, her yerde Allah'ın eserini, eşsiz mimarisini görecektir. Zaten O'ndan başka bir şey yok ki, her şey O'nun tecellisi ile canlı, her şey O'nu zikreder.

Âşık olmak vardır, bu tamamen benlik davasıdır, yorulduğunu hissedersin. Bir de Aşk olmak vardır, bu ise tamamen yalın, saf özünden süzülen bir rahmet bakışıdır. O zaman baktığın her şey aşkın kendisine dönüşür. Âşık olmak dikendir, canın yanar; ama Aşk olmak çiçek açmaktır, güllerin kokusunu hissedersin yüreğinde.

İşte bu kitabımız da Aşk olma yolunda sana vesile olsun diye yazılmıştır. Aslında sen zaten bu dünyaya açmış bir çiçeksin, sadece bu kitap tekrar unutmuş olduğumuz değerlerimize geri dönmemize vesile olabilir. Kimse sana bir şey veremez, aradığın zaten sensin. Ve daima anımsa, her şeyi bıraktığın an her şey sensin! Sen Aşk'sın...

1. Karşımdaki insandan elektrik almam gerek, diyorsun. Ancak unuttuğun bir şey var, elektrikler her zaman kesilmeye mahkûmdur! Ve bunu görüyorum, elektrikler bir anda bitiyor, senin aşkın sönüyor! Ben sevgi ve saygıdan yanayım, şayet bir hanede bu ikisi varsa orada elektrikten öte "nur" doğar. Bu kadar!

2. Hani sen beni terk ettiğinde üzülüp ağlayacağımı düşünürken ben gülümsüyordum ya, işte o an kalbimde bir nur, bir sıcaklık vardı ve yüreğime kadar ulaşan bir ses şöyle fısıldıyordu:

"Allah hüzünlü kalbi sever, O kırık kalplerle birliktedir."

3. Sen sevgili gittiğinde aşk da biter sanıyorsun; bilmez misin O, Zemzem gibi sonsuzdur, içinde akar durur...

4. Allah, inciten dillerle değil, seven kalplerle birliktedir.

5. Aşk duadır, sevgi rahmettir, insan ise bu dünyada sadece emanettir; ne zaman kendini bırakırsa, erir buhar olur.

6. İşte o zaman cümle cana döner aşk ve sevgi olarak yeniden doğar.

7. Aşk teslim olmaktır, teslim olunca açar yürekte güller, bırakınca mantığı yeşerir çimler, öter bülbüller.

8. Kalbinden gelen her şey rahmettir.

9. İnsanlar aşkı dalın ucundaki çiçek sanıyor, koparıldığında bitecek... Oysa aşk o dalın köküdür, çiçek ise sadece süsü; koparılsa da bir gün süsü, oradadır her zaman aşkın özü.

10. Aşk dikenin üzerinde gülümseyen güldür, onu koklamak istiyorsan elbet canın yanacak!

11. İlk görüşte aşk yoktur, eğer ilk görüşte âşık olduğunu sanıyorsan o ilk heyecanını yitirdiğinde sona erecektir ve hep sona ermiştir. Çünkü ilk görüş nefsin isteğidir!

12. Aşk, denizin içindeki balık gibidir, şayet onu özgür bırakırsan nefes alır süzülür, fakat karaya çıkarırsan nefesi kesilir, ölür!

13. Terk edilen insanın gözlerinden akan yaş rahmettir rahmet, eğer bunu idrak ettiysen artık kalkıp dans et bir zahmet!..

14. Biri gider biri gelir, bir sevda biter diğeri başlar ve unutma! Ne gelendir seni mutlu eden ne de giden, sadece özündeki aşktır şahane; gerisi boştur, bahane...

15. Sen sevgi nedir bilir misin? O, dalından kopardığın gülün eline bıraktığı kokusudur. Sen onun canını alırsın, o yine de seninle özünü paylaşır... Yalnızca insanlarda değildir sevgi, şayet görebiliyorsan her şey sevgidir; çünkü o her şeyi yaratandır sevgi!..

16. Terk edildin ve üzülüyorsun, sevgilin gitmiş olabilir, fakat üzülme; yanında sevginin kaynağı var. Unutma ki Allah hüzünlü kalpleri sever ve O kırık kalplerle birliktedir!

17. Özlemek, ağlamak ve küsmek; hepsi sevgiden yükselen rahmetlerdir. Ve onlar ne güzeldir... Şayet onların isimlerini bırakıp derinliğine inersen aşkla buluşacaksın!..

18. Bir âşık zihin insanıdır, her an büyülü bir masalın/ düşün içinde nefes alır ve her an bu masaldan uyanabilir, çoğu zaman da uyanmıştır; bu yüzden bir âşık değil, aşkın kendisi ol!

19. Aşk bir akıştır, onun mantıkla hiçbir ilgisi yoktur. Tıpkı bir balığı denizdeki akışından ayırarak karaya çıkardığın gibi, aşkı da kontrol etmeye, onu yönlendirmeye başladığın an bu aşkın sonu olacaktır.

20. Sev, sev, sev... Sev ki yeni hücreler çiçeklensin varlığında ve kendini değerli kıl. Kimin hakkında ne dediği ve düşündüğü umurunda olmasın, senin enerjini düşüren insanlarla birlikte olma... Senin enerjini dengeleyen insanları kat yaşamına...

21. Sev, sev, sev... Hiçbir şey için sevginden vazgeçme...

22. Allah'ı bilmek ile Allah'ı sevmek arasında çok büyük fark vardır. Bilmek, zihnin içinde bir izdir ve öylece kalır, sevmek ise ruhunda hissettiğin sıcaklığıdır, imanla birleşince aşk olur.

23. Sevilmek istiyorsan kin ve nefreti bırak da sevgiyle taş, açmamış bir gül fidesini kim koklamış?

24. Kalbinin evinden uzaklaşmış insanlara dikkat et, onlar sürekli dışarıda, bir başkasında hatalar, kusurlar aramaya başlar. Onlar artık kendi merkezini kaybetmiştir.

25. Sözler ısıtmaz, sözlerin içi boştur; bu yüzden sözleri bırak, kalbini aç. Sevgi sözlerin içinde değil, kalbin sessizliğinde filizlenecektir.

26. Olağanüstü şeyler arıyorsun, bir mucize arıyorsun, aşk arıyorsun, sevgi arıyorsun; bunları bulmak için o kadar çok dışarıya odaklısın ki, dönüp de aynaya baktığında idrak edemiyorsun!..

27. Kalbin kin, nefret ve fesatlıkla dolu olarak aşk yoluna çıkmışsın. Bu, yakıtsız araç kullanmaya benzer, ya yolda kalırsın ya da yoldan çıkarsın!

28. Kendine kapalısın, kendinden uzak olduğun için tüm varoluşa kapalısın ve dışarıda aşk yağıyor, aşk sağanak halinde, rahmetle yağıyor fakat sen göremiyorsun. Onu aradığın için göremiyorsun, merkezinden uzak kaldığın için onu kaçırıyorsun. O halde ne yapmalı? Basitçe tanıklık et, ancak bu tanıklığın ardından mucizelerin geleceğini beklemeden tanıklık et. Senin tanıklığın şeytani değil rahmani olmalı. Ve o zaman nur gelecektir, nur seni saracaktır. Artık üzerine yağan aşk seni ısıtmaya başlar.

29. Aşk yalnızca senin içinde tohumlanır ve çiçek verir, kendini başkasına bağımlı kıldığında ise çiçekleri kurumaya başlar!

30. Aşk masum bir kuş gibidir, senin tüm niyetini hisseder, onu sevgiyle beslersen gelir yüreğine konar, zihninle yaklaşırsan uçup gider!

31. Gerçek sevgi seni eksik bırakmaz, tamamlar. Şayet yaşadığın ilişkide yoruluyor, yıpranıyorsan, bil ki sahte bir ilişkinin içindesin!

32. Zihin "iyi, kötü, güzel, çirkin" diye bütünü parçalara ayırır, kalp ise "bir" yapar.

33. Aşkın öyle gizemli bir enerjisi vardır ki, seni bazen sıcaklığıyla ısıtır, bazen de ateşiyle yakar. Ona zihninle yaklaşıyorsan yanacaksın, o zaman her şeyi berbat ettin! Şayet ona tüm varlığınla yaklaşırsan ateşiyle ısınmaya başlarsın.

34. Aşk senin içindeki tohumdur, onu sana kimse veremez, bir başkası sadece o tohumu sulamış olabilir; fakat aşk senin içinden filizlenecektir.

35. Kalbini varoluşa gerçekten açan insan, mutluluğun, sevginin, aşkın ona gelmesini beklemez. Beklenti içinde olan daima zihindir, onun kalple hiçbir ilgisi yoktur. Kalp olanı olduğu gibi sever, onun özü sadece ve sadece sevmektir.

36. İnsanın canını yakan onu terk eden değil, kalbinde yuva kurduğu "güven evi"nin bir enkaza dönmesidir. Çözüm ise farkındalıkla birlikte gelir.

37. Sen "hakiki olan" sevgiyi bilir misin? O güneş gibidir, iyi ya da kötü ayrımı yapmadan her şeye ışık olur.

38. Yeryüzünde hiçbir zaman hazine aramaya gerek yoktur; sevgi kalpten kalbe uzanan ve paylaştıkça çoğalan en kutsal hazinedir.

39. Unutma! Biz, Allah'ın rahmeti olan sevgiyi yeryüzüne yaymak için gönderildik.

40. Aşk senin özündendir ve o asla yalnız değildir, ona yalnızlığı hissettiren sadece zihnin bir oyunudur.

41. Kendi kalbinin sesini dinle, bu ses dinlediğin tüm müziklerden daha çok huzur vericidir.

42. Aşk ile kafanın hiçbir ilişkisi yoktur, eğer olsaydı iblis de âşık olurdu; çünkü iblis senin her zaman kafandadır, onun yuvası senin nefsin, senin zihnindir. Şayet aşk kafanın içinde olsaydı mutlaka iblise bulaşırdı, şimdi iblisin âşık olduğunu hiç düşünebiliyor musun? Âdem'e secde etmeyen iblis aşkına secde edecekti! Fakat aşk ilahidir, o Allah'ın rahmetlerinden biridir, aşk en büyük rahmettir.

43. İnsan kanatsız bir melektir; onun özgürlüğe uçması için kanatlara ihtiyacı vardır. Bu kanatlardan biri sevgi diğeri ise ilahi aşktır. Kim ki bu kanatlara sahipse o, bu dünyaya gönderilmiş ender meleklerden biri olduğunu unutmasın.

44. Aşkı bekleme, aşkı çağırma, arkanı dön ve yoluna devam et, senin çaba sarf etmene gerek yoktur; o kendiliğinden sana gelecektir.

45. Kalbine sadece kin ve nefret tohumları ekmişsen eğer, sevgi çiçekleri açmasını nasıl beklersin?

46. Aşk ile mantık, güneş ile ay gibidir; aşk geliyorsa mantık gitmeye mahkûmdur.

47. Aşk ile bireyin arasında bir perde vardır. O perde toplumun oluşturduğu sahte benliktir. Benlik kalkmadan aradan aşk yükselemez ruhundan.

48. Yüreğinin derinliğinde akan sevgi nehrini daima anımsa, sen anımsadığın sürece serinlemek için oraya bir melek gelecektir.

49. Diğeri sadece elinde oltası olan bir avcı gibidir, senin okyanus kadar geniş yüreğindeki aşkı çıkarır. Bu yüzden her zaman kaynak olduğunu anımsamanı isterim.

50. Kalbi temiz olan bir insanı, kalbi merhamet dolu olan bir insanı hiç kimse kirletemez, hiç kimse terk edemez. Terk eden kişi ancak kendini kirletmiş, kendi kalbine yara açmıştır, o ancak ve ancak kendini terk etmiştir.

51. Marifet sevilmekte değil, sevilmeyeceğini bile bile sevmektedir. Sevginin özünü daima hatırla; o sevmektir...

52. Sen neyin hayır neyin şer olduğunu nereden bilirsin? Şayet bilseydin Aşk acısının kalbe hayat verdiğine isyan etmez şükredenlerden olurdun. Ve unutma! Senin isyan gördüğün Allah katında imtihandır.

53. Sevgi ruhu saran bir sıcaklık, aşk ise senden fışkırarak taşan kontrol edemediğin bir volkandır.

54. Mutlak aşk, senin sözlerinin, senin aklının ötesindedir. O varoluşun kalbidir.

55. Aşkın dili sessizliktir, o sessizliğin içinde filizlenmeye başlar. Sessiz ol, fakat bu sessizliği gözünün ucuyla takip etme, hayır bunu yapma! O açacağı uygun zamanı bilir.

56. İnsanı mutlu eden sevgili değil, sevginin kendisidir.

57. Aşk bir ateştir, onun içine düştüğünde şayet canın yanarsa henüz hazır değilsin, o ateşi söndürürsün.

58. Bütün dilleri bir kenara bırakıyorum. Kullandığım tek dil sevgidir; bu dili tüm varoluş işitir.

59. Sevgi ve aşk sana kimseden gelmez, bunlar kişinin içindeki kaynakta yatan bir kıvılcımdır, tıpkı tohumun içindeki çiçeğin dışarıya çıkmasına vesile olan yağmur gibi; dışarıdaki sadece içindeki kıvılcımı ateşleyebilir.

60. İnsanoğlu, zihinle hayatı anlamaya çalışarak kaybettiği hayatı, kalbiyle yaklaşarak yaşamaya başladığında mutlak huzurla buluşacaktır.

61. Önemli olan ne kadar yaşadığın değil, ne zaman hissederek yaşamaya başladığındır. Ve bir insan ne kadar yaşayacağıyla değil, ne kadar sevgi dolu olduğuyla ilgilenmelidir.

62. Çaba, çaba ve çaba... Aşk için sürekli bir arayışta, devamlı onu elde etme çabası içindesin. Onu resmen kovalıyorsun, onu sürekli takiptesin ve şunu çok net idrak etmeni isterim: Aşk bir erişme meselesi değil, senin "ol"uşun ile birlikte gelecek ilahi rahmettir.

63. Sen çocukken parklarda hiç kelebeklerle dans ettin mi? Tıpkı aşk da bir kelebek gibidir, kalplere hiç beklemediğin bir anda konar ve bir bakmışsın tekrar uçup gitmiştir. Onun heyecanı ve mutluluğu yakalamakla değil, peşinden koşmakla birlikte gelir.

64. Kalbinin yaralarına rağmen hâlâ seviyorsan, bil ki bu, kendini sevmeye layık gördüğündendir!

65. Aşk kelimelerden ibaret olsaydı sana onu anlatırdım; fakat o ateşin közü gibidir, benliğin kül olmadan onu idrak edemezsin!

66. Aşkı arzu edemezsin, bu tamamen zihinsel olacaktır, buna şehvet ya da sapıklık bile diyebilirsin. mutlak aşk sadece senin masumiyetinle, senin "ol"uşunla birlikte yükselir.

67. Aşk katılıktan anlamaz, esnektir aşk. Ya yanacak mum gibi eriyeceksin, ya sıcaklığıyla yağ gibi çözüleceksin; her şekilde yanacaksın, eriyip benliği bitireceksin.

68. Aşk senin en kıymetli hazinendir, onu önce kendi içinde keşfedemeden paylaşamazsın.

69. Bu dünyada neye sahip olursan ol hepsi senden geri alınacaktır; tüm eşyaların, hatta ailenin de emanet olduğunu unutma. Ve sadece iki şey senin özünle birlikte gelir ve seninle birlikte başka âleme geçer; o da sevgi ve aşktır.

70. Birisi seni terk ettiği zaman üzülüyorsan hâlâ farkında değilsin demektir; çünkü seni terk eden sevgi değil sadece sevgilidir!

71. Sevgi dolu insan kırılmaz, sevgi dolu insan incinmez, tabii ki o bir robot değildir; fakat ona ne yaparsan yap, sevgi dolu bir varlık sana sadece kendi kaynağında olanı verir; o, sana sadece merhamet ve sevgi sunacaktır.

72. Aşka aklınla yaklaşma. O akıldan üstündür. O mantığın ve tüm kurallarının, tüm kanunlarının ötesindedir. Aşk en büyük kanundur. Bu kadar!

73. İçindeki aşkın kokusunu bir kez duyumsarsan bu sana, başını döndürecek kadar derin bir haz verecektir, işte o zaman aşkı dışarıda arama ihtiyacın kalkacak ve sen sadece aşkını paylaşmanın ilahi huzuruna erişeceksin.

74. Aşka saygın olmalı, insanlar onu çoğu zaman kullanıp atılacak bir mendil olarak görüyorlar. Aşk yaşanmalı, eğer kullanmak için ona yaklaşıyorsan asla onu yaşayamayacaksın.

75. Seni seviyorum, diyorsun. Nasıl seveceksin? Sen kendini seviyor musun? Kendine tahammülün olmadığı için bu kadar dışarıda, bu kadar içsel evinden uzaktasın. Kendinden kaçtığın için bu kadar aşk budalası oldun! Sen sadece seven yüreklerin içindeki aşkı, sevgiyi kirletiyorsun! Kendini biraz izlemeni isterim, ilk adım kendi içine, sonraki adım diğerinin içine akmaktır. Ve o zaman "bir" doğar.

76. Sen şimdi kendi kalbinin sesinden bihabersin, bugüne kadar kendi yüreğinle hiç iletişim kurmadın, o halde bir başkasının kalbiyle nasıl iletişim kurabilirsin? Sen henüz kendi kalbinin sesini tanımıyorsun! Senin iletişim kurduğun en iyi yer aklın, bu yüzden diğerine kalbinle değil aklınla gideceksin. Bu bir felaket, sen gittiğin insanı bir harabe, bir enkaz haline getireceksin. O halde daima anımsa; ilk adım kendi içine düşmektir...

77. Gerçek âşık seni özgür kılar, o sevgisiyle seni boğmaz, o senden ne alabilirim değil, sana ne katabilirim düşüncesindedir. O aşkla bütünleşmiş ve aşkın kendisi olmuştur, onun baktığı her yer aşkla doludur. O seni mutlu olmak için kullanıp atmaz, o zaten mutludur ve o mutluluğunu paylaşmak için seninle birlikte gökyüzüne uçmak ister. O seni gökyüzünden indirmez, özgürlüğünü elinden almaz. Yarınları düşüneceksen aşkı unut, o zaman aşkın doruklarına ulaşamazsın.

78. Aşk bir ateştir, eğer kalıplaşmış düşüncelerle bir buz olmayı seçiyorsan onu söndüreceksin, şayet aşkı yaşamak istiyorsan onun içine hiç düşünmeden gireceksin.

79. Aşkın yanına zihinle yaklaşma, o zaman sen aşkın varlığını yaşayamazsın, sen sadece zihninle, onun senin önüne koyduğu engellerle, arzularla, beklentilerle meşgul olursun. Şayet aşkın yanına gideceksen, aşkın varlığının derinlerine işlemesini istiyorsan sana zihni bırakmanı öneririm.

80. Kalbinin evinden uzaklaşmış insanlara dikkat et, onlar sürekli dışarıda, bir başkasında hatalar, kusurlar aramaya başlar. Onlar artık kendi merkezini kaybetmiştir. Sessiz ama son derece saldırgan ve tehlikelidirler.

81. Aşkın içine girmeden onun dinginliğini hissedemezsin. Dinginlik diyorum; çünkü gerçek aşk seni yormaz, o sana huzur verir. Aşkın birçok kapısı vardır, tıpkı cennetin birçok kapısı olduğu gibi. Sana bu kapılardan bir tanesini söyleyebilirim, eğer o kapıya ulaşırsan tam olarak aşkın içine düşersin ve o kapı senin kalbinin kapısıdır. Evet, ilk gireceğin kapı kendi kalbinin kapısıdır ve bu kapı aynı zamanda hem aşka hem de cennete açılan en kutsal kapılardan biridir.

82. Olmuyorsa bırak gitsin, üzerinde onun ağırlığını taşımaktansa kendi varlığının tüy gibi hafifliğiyle kanat çırpmaya başlarsın!

83. Kendi kalbinin kapısını keşfederek oradan giremedikten sonra cennetin kapısından içeri nasıl gireceksin? Bu yüzden keşfetmen gereken ilk kapı yüreğinin kapısıdır ve sonra sana aşkın kapısı sonuna kadar açılacaktır. Üçüncü kapı ise cennetin kapısıdır. Birinci kapıyı keşfettikten sonra hepsinden rahatlıkla geçebilirsin, anlıyor musun?

84. Benim işaret ettiğim aşkın tamamen iyileştirici özelliği vardır, eğer yaşadığın aşk seni hasta ediyorsa, seni mustarip ediyorsa o sahte bir duygudur, ona aşk diyemezsin. Aşk seni tamamlar, eksik bırakmaz.

85. Aşk sana dışarıdan bir anda geliyorsa o bir anda da gidecektir. Şayet gelen aşk için seviniyor giden aşk için üzülüyorsan sen bütün olayı kaçırdın demektir. Ve şunu daima hatırlamanı isterim: Sana heyecan veren, sana haz veren, kişiler değil, aşkın ta kendisidir.

86. Eğer aşkla dolu ateş kırmızısı bir yüreğin varsa onu söndürmek için buz adamlar karşına çıkacaktır. Bu dünya zıtlıklar dünyasıdır; o halde ateş yüreğinden yükselsin ve tüm benliğini sarsın, buz adamlar bile senin ateşinle erisin, aşk yoluna aksın.

87. Sen sadece çiçek vermeyi bekleyen kapalı, sıkı bir tohumsun, ne zaman aşka dönüşürsen bu senin filizlenerek bir çiçeğe dönüşün olacaktır. Ve sen artık bir "aşk çiçeği" olduğunda her şey aşk olmaya başlar.

88. Aşk gelecek ve senin kapını çalacak ama sen kapını açmayacaksın ve mutluluk gelecek senin kapını çalacak sen ona da kapıyı açmayacaksın. Niçin? Çünkü sen her zaman bir umutla yaşadın. Umut varsa sen de var olduğunu hissettin. "Eğer aşka kapıyı açarsan artık umutlar bitecek, şimdi umut edecek ne kaldı?" diye soracaksın. İnsanları izle, onlar bu yüzden daima bir sorgu, bir düz mantık içindedirler. Ya bu aşk benim umutlarımı tüketirse?.. Ve sana söylüyorum: Mantığın bittiği yerde aşk filizlenmeye başlar!

89. Baktığın her yerde o varsa, aldığın her nefeste o içine işliyorsa, her telefon çalışında onun aradığını düşünerek telefona sarılıyorsan, bu bir aşk değil, bu bir bağımlılık, senin kendi merkezini terk edişinle birlikte doğan bir köleliktir!

90. Sen aşkı kendi haline bırak, bırak ki o kendi doğallığıyla sana gelsin! Onun peşinden koşacak olursan aşkın tüm gizemini, tüm orijinalliğini, tüm şiirini bozacaksın!

91. Gözlerin saça, başa, bedene odaklandığı için sevgiyi kaçırıyorsun. Sevgi orada, aşk orada ama sen başka yerlerdesin, senin önceliğin çok farklı! Senin, sevgi adı altında kullandığın değerlerin çok yüzeysel. Ben seni aşkın yoluna davet ediyorum. Her şeyi yaşa; ancak ne yaşarsan yaşa aşkla harmanlanınca kutsallaşacaktır.

92. Aşkın zihinle ne ilgisi olabilir? Aşk, mantığın/kafanın değil, kalbin engin okyanusunda yüzen bir yunustur; eğer onu kucaklamak istiyorsan zihnindeki olta takımlarını bırakmalısın. Bu bir avlama meselesi değildir, Hayır! Bu kesinlikle mantığın sona ermesiyle birlikte gelen bir bayramdır! Ve unutma! Aşk senin en kutsal, en ilahi bayramındır.

93. İnsanları izle, onlar kendi başına mutlu olamadıklarında, kendinden sıkılmaya başladıklarında, hemen aşkın peşinde koşmaya başlarlar.

94. İçinde o kadar çok ses var ki... Zihnin devamlı ıvır zıvırla uğraşıyor ve sen aşkın sesini kaçırıyorsun! Unutma, zihin sustuğunda aşk konuşmaya başlar.

95. Gerçek aşk seni özgür kılar, eğer yaşadığın ilişkide bir bağımlılık, bir kısıtlama varsa hemen oradan uzaklaş; çünkü aşk sandığın şey koca bir bataklıktır ve her an seni farkında olmadan içine doğru çekmektedir.

96. Aşk sana geliyor ve kanatlarına konmanı istiyor ve sen onu "Nereye kadar?" diyerek reddediyorsun. Ona zihninle yaklaşıyorsun, onu anlamaya çalışıyorsun! Bu bir anlama meselesi değil, onu yaşamakla birlikte gelen bir şölen olmalıdır. Aşkı zihnin oyunlarına gelerek katletme, onu tüm iliklerine kadar yaşa.

97. Birini anlamaya çalışıyorsun... Bana sorarsan onu sadece yaşa, içinde ufak bir kıpraşma bile varsa bu güzeldir. Şayet anlamaya çalışırsan zihninle yaklaşmış olacaksın, zihin tüm masalı, tüm büyüyü yok edecektir. Ben aşka zihninle değil, tüm varlığınla gitmenden yanayım.

98. Gerçek aşk aklını başından almaz, onun akılla bir ilgisi yoktur. Tam aksine o seni daha derine, varlığın derinliğine doğru götürür.

99. Seni senden uzaklaştırmaz; seni senle tanıştırır. O seni değiştirir; fakat bu değişim sahte aşkta olduğu gibi sevgilinin istediği biçimde biri olman yönünde değildir. O seni özüne/merkezine doğru akıtır, benim değişimden kastım tam olarak budur.

100. Elektrik almaktan söz ediyorsun, şayet kişiden elektrik almazsan ona âşık olamayacağını ifade ediyorsun. Ve ben sana çok net olarak şunu söylüyorum: Elektrikler her zaman kesilebilir, seni yarı yolda bırakabilir ve bu hep böyle olmuştur. Anlıyor musun? O halde zihnin oyunlarına gelen bir âşık olmayı bırak, bu sana zarar verecektir. En güzeli aşk olmaktır; ağaçlara şiirler söylemek, kuşların şarkılarına eşlik etmek... Sonrasında insanlarla bütünleşme kendiliğinden sana gelecektir.

101. Sen sadece el tutmaya alışmışsın, aşk tene değil, önce yüreğe dokunduğunda gülümser. Dokunmanı bekleyen bir yürek varken tutma kimsenin ellerinden.

102. Birini sevmen, onu gerçekten tüm kalbinle sevmen için önce kendi içine dönük olmalısın. Ancak kendini olduğu gibi kabul edebilen insan kendini seven insandır. Sen kendine son derece kapalı durumdasın ve bir başkasını seviyorsun! Nasıl olabilir? Bu çok sahte... Bu tamamen zihnin en büyük oyunlarından biridir.

103. Herkes bir çiçeği koklayabilir, fakat herkes o çiçeği hissedemez. Sevmek ayrıdır, tutku ayrıdır, hissetmek sevgiden doğar, tutku alışkanlıktan!

104. Sadece sevebilirsin, ancak sevilmek senin elinde değildir, diğeri seni sevebilir ya da sevmeyebilir; ne yapabilirsin? Dışarıya bağımlı kalırsan akış tıkanacaktır, yavaş yavaş dibe vurmaya başlarsın ve beklentisizce sevmeye devam edenlerin yolu mucizenin yoludur, bu yolda bir ibadet halindesin... Bu yolda karşına çıkan her şey bir rahmet olacaktır.

105. Aşk bir kelime değildir, aşk bir duygu da değildir; çünkü hiçbir duygu kalıcı olamaz. Sen hangi duyguyu sürekli bir şekilde yaşadın? Duygular tıpkı gökyüzündeki bulutlar gibi gelip geçerler. Gerçek aşk her zaman oradadır, o senin ta en derinliğinde, varlığının merkezinde yuva kurmuş bir kuş gibidir. Onu idrak et ve kafesin kapağını sonuna kadar aç, bırak gerçek aşk özgür kalsın!

106. Aşkı orada burada arayıp da yorulan kardeşim! Aşk olmayan sana aşkı verebilir mi? O, almayla değil; paylaşmayla birlikte doğan bir rahmettir.

107. Eğer sevgi bir isim değilse, sen sevgi adı altında cinsel dürtülerinle ve zihinsel ürünlerle uğraşmıyorsan; o halde yaşadığın ilişkide nasıl mutsuz olabilirsin? Ancak seni izliyorum, sen sadece sevginin adını kullanıyorsun ve senin tüm bu mustarip halini sahteliğin oluşturuyor. Mutsuzluğu sen var edersin, o sana dışarıdan gelmez, o sadece kendi kaynağında olduğu için dışarıya yansır!

108. Kadınları izle! Onların anlaşılmaya ihtiyacı vardır; ancak farkında olmadan kendilerine zarar veren, kendilerini anlamayan insanlarla birlikte olurlar. Kadın çoğu zaman kendisini anlamayan erkeğe âşıktır, kendisini anlayan erkek ise onun için sadece iyi bir dosttur. Bu doğanın kanunu değil, kişinin seçimidir! Ve bir kez bunun farkına vardığında, bunu derinden idrak ettiğinde dönüşüm başlar.

109. Aşk tıpkı bir kelebek gibidir, onun peşinden koşabilirsin, bu sana heyecan ve mutluluk verir, fakat onu yakaladığın, onu keşfettiğin an ölümüne neden olursun!

110. Aşk dediğimiz çiçeği sahiplenerek koparıyor eve götürüyor, onu vazoya koyuyorsun. Onu en fazla üç gün yaşatabilirsin, sonra çiçek tüm ihtişamını, tüm güzelliğini kaybedecektir. Gerçek sevgi onu sadece koklar, onu incitmez ve aşkı sahiplenerek ölmesine değil sevgisiyle olgunlaşmasına yardımcı olur.

111. Bir insanı tutkuyla sevdiğin an bu bir hastalığa, bir bağımlılığa dönüşecektir. Çünkü tutku zihnin üretimi olan bir üründür, her zaman sadece sevgi, tek başına sevgi yeterlidir.

112. "Bana aşktan söz eder misiniz?" diye soruyorsunuz. Size aşktan nasıl söz edebilirim? O tüm sözlerin ötesinde olandır. Onun dili sessizliktir, zihin sustuğunda, zihin tamamen konuşmasını bıraktığında aşk şarkılar söylemeye başlar. Şayet biraz susarsan bunu sen de duyabileceksin, sadece zihni stop et, bu kadar!

113. Aşka karşı biraz saygın varsa onu arzulama, bırak o kendiliğinden senin içinde filizlensin. Unutma, aşk cennetin çiçeğidir.

114. İçinden gelen sesler seni her zaman yanıltacaktır, bu kalbin sesi mi, yoksa zihnin sesi mi? Tüm sesleri takip et, onlara, "Sen kalbin ya da sen zihnin sesi olmalısın" diyerek anlam katmaya çalışma. Seslerin varlığına sadece şahit olduğunda hepsi bir kenara çekilmeye başlar ve ardından gelen sessizliğin içinden aşk yükselir. Tıpkı güneşin bulutların arasından sıyrılarak ortaya çıkması gibi. Unutma, aşkın dili sessizliktir.

115. Aşk ancak senin aydınlığında, senin ihtiyacın olmadığı bir anda derinliğinden yükselir, o tıpkı bir volkan gibi patlamak ister, o tıpkı bir yağmur bulutu gibi taşmak ister, aşk almaktan değil vermekten yanadır. Sana söylüyorum! Onun ismini alırken bile basite indirgeme; çünkü aşk, Allah'ın sessiz kahkahası, O'nun kutsal bir rahmetidir.

116. Aşk öyle gizemli bir çiçektir ki, onu kokladığında değil, onun içine nüfuz ettiğinde büyülenirsin!

117. Bir zihin insanı yaşadığı ilişkide karşı tarafın boyu, kilosu, saçları, kaşı, gözüyle ilgilenir ya da yaşadığı aşkın ne kadar süreceğiyle ilgili planlar içindedir. Aşk onun için; bir zaman geçirme, bir eğlence kaynağıdır. O asla aşkın kendi varlığıyla ilgilenmez.

118. Sen insanları mutluluğa ulaştıran bir araç değilsin, sen kimsenin aracı değilsin, şayet birisi seni araç olarak kullanıyorsa, senin üzerinden mutluluk sağlamaya çalışıyorsa, o bir âşık değil, o bir dilencidir. O bir mutluluk dilencisidir, o bir sömürücüdür, o bir aşk katilidir.

119. Güzeliz bu yaşama, renkliyiz, bazen durgun, bazen dalgalı bir suyuz; fakat bu şekilde "bir" bütünüz, sevgiyiz bu yaşama, aşkız "biz". Sevgi tüm bölünmelerin ötesindedir, "Seni seviyorum" demek bile bir düalite yaratır. Birey, "Bizi seviyorum" niyetine ulaştığı an bütünlüğün içine düşer, bu düşmeyle gerçek aşkın kapıları sonuna kadar açılmaya başlar.

120. Aşk masum bir kuş gibidir, senin tüm niyetini hisseder, kalbinde sevgi titreşimi yayılıyorsa gelir yüreğine konar, ona zihninle yaklaşırsan uçup gider!

121. Bütün kapıları çalıyorsun; aşkın kapısını çalıyorsun, bolluğun kapısını çalıyorsun, evrenin kapısını çalıyorsun, "açılmıyor" diyorsun. O kapılar ardına kadar açık; fakat senin kalbinin kapısı kapalı, anlamıyorsun!

122. Aslında insan bir erkeğe ya da bir kadına değil, âşık olmanın kendisine âşıktır!

123. Sevgi, ilgi ve şefkat ihtiyacı içinde tutuşan insanları görüyorum. Ve bu insanlar içten içe "N'olur biraz sevgi, biraz ilgi verin" diyerek farkında olmadan sevgi dilenciliği yapmaktalar. Şunu çok net anlamanı isterim: Sen kendini sevemedikçe, kendine değer vermedikçe, içsel olarak yaşama sevincini yakalamadıkça, kimse seni gerçek anlamda sevemez, o kişi sadece çaresizliğinden yararlanarak seni kullanmış olacaktır.

124. "Mutlu" bir ilişki için önce sen mutlu olmalısın, kimse sana mutluluk veremez. Bu başkasından alınacak bir mesele değil, sende olanı paylaşmakla gelen bir "kutlama"dır!

125. Şayet eşine karşı biraz saygın varsa ona "sevgilim" deme! O sana ait bir eşya değil, o bir nesne değil, onu "im" gibi ekler kullanarak sahiplendiğinde bütün büyüyü farkında olmadan bozuyorsun. Ona saf ve net olarak sadece "sevgi" de ya da "aşk" de! Ve göreceksin, senin ilişkin bir mucizeye, bir ihtişama, büyülü bir masala dönüşecektir.

126. Bugüne kadar niçin sevgi ve mutluluk yolunda mustarip olduğunun farkında mısın? Çünkü sen bu yola bugüne kadar hep aklınla girdin! Aklın fikrin sevgi ve mutlulukta olduğu sürece asla onları kucaklayamazsın. Ve şunu daima anımsamanı isterim: Bu zihinsel, akılsal ve fikirsel mesele değil, yüreğin sıcaklığında oluşan tatlımsı akistir.

127. Bir ilişkinin bitiminde artık tecrübe kazandığını, insanlara karşı güveninin azaldığını ifade ediyorsun. Ancak bilmeni isterim, tecrübe ve güven zihnin gereksinim duyduğu safsatalardır! Şayet ilişki bitiminde kafan gelişiyorsa sen aşka yüreğinle değil zihninle yaklaştın demektir. Ve insanların çok büyük bir kısmı bu yanılgının içinde boğulmaktadır.

128. Bir insanı sevebilirsin, bu çok doğaldır, ancak başka birinin seni sevmesini beklemek en büyük hayal kırıklığı olacaktır.

129. Ne zaman birisini sevmeye kalksan kendi içinde; ondan seni terk etmemesi adına bir garanti, bir güven beklersin. Bu senin kendi zihninle yapmış olduğun sıkı bir pazarlıktır. Farkına varmanı isterim: Senin sevgi yoluna çıkarken zihninle değil, kalbinle bütünleşmen gereklidir. Yoksa mustarip olacaksın, zihnin sürekli bir beklenti içinde olacak ve gittikçe aşkın seni yorduğuna inanmaya başlayacaksın.

130. Dikkat et, seni yoran aşk değil, kendi zihnindir.

131. Mutluluk sürpriz yapmayı seven bir âşık gibidir ve hiç ummadığın bir anda usulca gelip yüreğine dokunur.

132. Sevgi bir yatırım değildir, sen sadece sevebilirsin, diğerinin seni sevmesini beklemek büyük bir trajedi ve hayal kırıklığıdır.

133. Kalbinin kitabını okuyamadıktan sonra, okuduğun tüm kitaplar anlamsız kalacaktır.

134. Tekrarlamanı isterim: Kendimi seviyor ve huzur olmaya, sevgi olmaya, aşk olmaya izin veriyorum. Varoluş beni seviyor ve ben de yaşamı seviyorum.

135. Tekrarlamanı isterim: Yaşamın damarlarındaki huzuru ve mutluluğu görmeyi seçiyorum ve kalbim sevginin sıcaklığıyla ısınıyor.

136. Günün niyeti: Her sabah güneşle birlikte yeniden doğmaya ve taze, sevgi dolu bir yaşamı seçmeye niyet ediyorum.

137. Bir insanın kalbinde yara açabilirsin ama sevgisine zarar veremezsin; çünkü sevgi kurşun dahi geçirmez.

138. İnsanın kendi yüreğini dinlemesi, dinlediği tüm şarkılardan, tüm müziklerden daha anlamlıdır.

139. Yalnızca, yüreğindeki sevgiyi hissedenler, yüreklerdeki sevgiye odaklanabilirler!

140. Âşık olmadan önce aşkın kendisi ot, o zaman tüm varlığın aşkla dolacaktır!

141. Varlığın aşka dönüştüğünde, baktığın her yerde yüreğine dokunan bir kıpırdama hissedeceksin.

142. Aşkı arayan mutsuz bir insan, aşkı arayan başka bir mutsuz insanla ilişki yaşamaya başladı ve her ikisi de birlikte mutsuz oldular! Ve çoğu insanın yaptığı budur. Herkes aşkı aşk olmayan yüreklerde arıyor! O halde nasıl mutlu olacaksınız? Anlaşılması gereken, kişinin önce tüm varlığının aşkla dolması ve sonra bunu paylaşmasıdır. Unutma, aşk beklenti içinde olduğunda değil, sende olanı paylaştığında çiçek vermeye başlar.

143. Aşkı sahiplenmek demek, onu dalından kopararak ölüme hazırlamak demektir. Senin de yaptığın bu. Aşk olduğu gibi güzeldi, o mis gibi kokuyordu, ancak sen onun doğasına zarar verdin, onu sahiplendin. Onu dalından kopardın, ona beyninle yaklaştın. Ve sen ona yüreğinle yaklaşmadıkça onu bir daha hissedemezsin.

144. Aşkın rengi kırmızıdır, aşk bir çiçektir ve onun çiçeği güldür. O bütün çiçekleri sembolize eder, fakat ona gül daha bir yakışır. Ve sen onu koklamak yerine, "bu benim" diyerek dalından koparıyorsun, sonra evine götürüyor ve bir vazoya koyuyorsun. Onu en fazla üç gün koklayabilirsin, sonra onun katili olacaksın!

145. Aşk varlığının özüdür, şayet aşk senin için bir duyguysa sadece boyut değiştirir, zihin değiştirir, aşk gider, başka aşk gelir. Aşk aşktır. Gelen de aşktır, giden de... Ve aşk gidecektir. O gezmeyi sever. O keşfetmeyi sever. O macera sever. Seni keşfettiğinde artık ziyaretini tamamlamış olacaktır. Bunu kabullendiğinde yaşama karşı güvensizliğin kaybolur. Kaybedeceğin bir şey yoktur ve korkuların son bulur. Çünkü zihninde beslediğin aşkın işleyişini izlemiş ve farkına varmışsındır.

146. Bir ilişkide önemli olan karşındakinden ne alabileceğin değil, ona neler katacağındır.

147. Aşk, iki kişinin aynı kanatta birleşip özgürleşerek birbirlerini yükseltmesidir.

148. Aşk bir rahmete dönüştüğü zaman tüm varlığın sıcacık kalır, dışarıda soğuk vardır ama senin tüm hücrelerin aşkın sıcaklığıyla ısınmıştır; içinde eşsiz bir müzik belirir, hücrelerin dansa kalkar ve bütün organların bu dansa eşlik eder.

149. Kendine inandığında bütün varlığın aşka dönüşür ve aşkla aşamayacağın engel yoktur. En sert dağlar bile önünde eğilir ve sana yol açar. Aşk bütün kilitli kapıların ötesine ulaşır. Kendine inandığında sen "aşk" olursun, baktığın her yer aşka dönüşür. Karşındaki düşman bile olsa O aşk olmuştur artık! Aşk, kendine inanan cesaretli insanların içinde filizlenir, sen kendine inanmazsan ne aşk vardır ne de sen!

150. Hayat oldukça sade ve güzeldi, sonra onu keşfetmek adına kurcalamaya kalktın, onun sadeliğini bozdun ve karmakarışık hale geldin. Olay basittir, yapman gereken tek şey sadeliğe geri dönmektir. Sadelik hiçlik, hiçlik ise senin güzelliğindir! O bozulmamış bir "sen"dir. O saftır ve sevgiyle bütünleşmiştir. O ne çok sıcak ne de çok soğuktur, tam dengede, aşk halindedir!

151. Aşk senin amacın olduğunda, sevgi senin amacın olduğunda, huzur senin amacın olduğunda sen tüm doğallığını kaybetmiş olursun. Onlar senin zaten doğanda var, onlar senin özün ve sen onları bir hedef olarak algıladığında sen hakikatten uzaklaşmış olmaya başlarsın.

152. Birisine ihtiyacın olmadığında ve zihnini (egoyu) bırakıp yüreğinden gelen mırıldanmayı hissettiğinde mutlak aşk için hazırsın demektir. Eğer aşka ihtiyaç duyuyorsan ve onu yoğun olarak arzuluyorsan bu sadece egonun sesidir ve sen karşındakini ihtiyacını gidermek için kullanmış olacaksın. Bu çok sahte bir duygu... Bu aşkın kendisi değildir ve birçok insan bu sahte duygunun esiri olmuştur.

153. *Terk edilmenin acısıyla Yas Ustası UK'ye gelen genç bir kadın dert yanıyordu. Usta onu saatlerce sabırla dinledikten sonra cevap verdi:*

154. *Aşk sana yüreğiyle gelse gitmezdi; giden aşk için öyle sesli ki isyanım, mutlak aşk yüreğinin kapısını çalıyor ama sen onu duyamıyorsun!*

155. Aşk özgürlükte açan bir çiçek gibidir, ona bilincinle yaklaşırsan kurutur, yüreğinle yaklaşırsan kanatlandırıp uçurursun.

156. Sevgi bir tomurcuk gibidir, fakat o ilişkinin içinde ise çiçek açamaz. Sevgi olmaktır, o ilahidir, sen ve beni bırakıp "biz" olduğunda sevgi çiçek açmaya başlar, onun kokusu tüm hücrelerine yayılır, onun içinde bütünleşirsin.

157. Aşk yürek işidir, gönüle gönülle gidersen çiçekler açar, ona fikrinle gidersen açan çiçekler bile solar!

158. Aşk denilen çiçeği dalından kopararak ellerine alırsan onu kuruturusun. O senin ellerinde değil, yüreğinde büyür; bunu unuttuğun sürece aşkı kaybetmeye mahkûm olursun.

159. Henüz senin içinde bir sevgi tohumu filizlenmemişken, aldığın her solukta ciğerlerin yanacak kadar bu yaşama kırgın ve yaşama yüreğini kapatmış, sadece gözlerinle bakıyorken, sen mutlak aşkı fark edemez, onu tüm hücrelerinde hissederek yaşayamazsın!

160. Derinden bir sevgi varsa mesafeler, acılar, yıllar ve aylar asla sevdayı söndürmez, fakat sevgi yüzeysel ise yanı başındaki insanı bile yıllarca göremez insan!

161. Tekrarlamanı isterim: Bulutlara bakıyorum ve bulut oluyorum. Yağmuru izliyor, damla oluyorum. Evreni hissediyor, evrenin kendisi oluyorum. Boşluktaki enerjiyi duyumsuyor ve enerji oluyorum. Sevgili bilinciyle baktığım yerlerde sadece güzellikleri görüyor ve güzelliklerle doluyorum. Âşık değil, aşkın kendisiyim ben!..

162. Her insan kendi varlığının aşk ve sevgi olarak farkındalığına ulaştığında hiçbir evliliğin içinde aşk son bulmayacaktır! İnsanların bildiği ve senin söz ettiğin yüzeysel aşk mutlak aşk olmadığı için bitmektedir, o duyguya bağlı gelir ve gider. O sadece yüzeyseldir, asla derinsel anlamı olmayacaktır. Tüm sorun burada başlar! Öze dönmek ve aşkın kendisi olduğumuzu idrak etmek peşinden sana sonsuz bir aşk akışı getirecektir.

163. Ve senin sözünü ettiğin aşk mutlak aşk değildir, o zihnin algıladığı karmaşık bir duygudur. Sen mutlak aşkı bilemezsin, onu sadece çok derin yaşayan insanlar gerçek anlamda hissedebilmişlerdir. Senin sözünü ettiğin aşk karanlıklar içinde açmaya çalışan bir tohumdur ama o asla açamaz; çünkü bir aşk tohumu açmak, filizlenmek ve sevgi çiçeği olarak doğmak için aydınlığa ihtiyaç duyar.

164. Sen karmakarışıksın, için karanlık, sen aydınlanmamışsın ve aydınlanmadan içindeki aşk nasıl filizlenebilir? Bu insanlığın büyük bir yanılsamasıdır. Aşk ancak sen aydınlandığında gelecektir, aşk oradadır ama o bir tohumdur, o açmamıştır. O zaten senin merkezindedir, o senin özündedir. Ama sen merkezde değilsin!

165. Bir insanı sevdiğini sanarak bağımlı hale gelirsen, o insanın sana olan ilgisi, duyguları değiştiğinde acı çekmen kaçınılmaz olacaktır.

166. Sevgine karşı haksızlığı da uğrasan sen sevmeye yüreğinle devam et; her şeyden önce "biz" sevmeyi seviyoruz!..

167. Tekrarlamanı isterim: Kalbimi kırabilirsiniz, beni hayal kırıklığına uğratabilirsiniz, hatta beni küçük düşürebilirsiniz ama yaşamı sevgiyle kucaklamama asla engel olamazsınız!

168. Mutluluk, aşk ve sevgi bir araç değil, bir amaç da değil, onlar dışarıda değildir ve onu yüzeyde asla bulamazsın. O derinlerdedir, o senin derinliğindedir.

169. Ancak kendini bütün hatalarınla sevebildiğinde bir başkasını da kusur ve hatalarıyla sevebilirsin!

170. Aşk yolunda doğru insanı aramaya çıkmadan önce doğru insan olmalısın!

171. Senin tek yaptığın içindeki boşluğu başka insanlarda doldurmaya çalışmak ve buna sevgi adını veriyorsun. İşte bu düşünce senin bütün benliğini parçalıyor.

172. Kendini başkalarının kişiliğinde yaşadığının farkında bile değilsin! Sana verilmiş olmasını istediğin sevgiyi, sen bir başkasına vererek kendini tatmin ediyorsun. Bu davranışın seni kendine yabancılaştırıyor!

173. Sevginin kendisi olmadan sevemezsin ve insanların yaptığı da budur. Sevmeye çalışmak... Sende olmayan bir sevgiyi başkasına vermeye çalışıyorsun. Sahip olmadığın bir şeyi nasıl verebilirsin? Mutsuz bir insan diğer mutsuz bir insanla ilişki yaşamak isterse ikisi de mutsuz olacaktır, sizin tek yaptığınız bu. İkiniz de kendinizde olmayan bir şeyi birbirinizde arıyorsunuz.

174. Bu en büyük dilenciliktir, bu sevgi dilenciliğidir, bu insanın kendinden kaçışıdır!

175. Sen zaten aradığınsın! Sadece içine bakmıyorsun. Kapıyı ardına kadar açmış ve kafanı dışarı uzatmışsın, ancak içeride ne var, bundan haberin yok!

176. Varlığın aşkın kaynağı, sen yaratılırken aşk ve sevginin kaynağından geldin. Ben sana "Âşık olma, aşkın kendisi ol" dediğimde bunu anlatmaya çalışıyorum. Seni tekrar özüne dönmen için yolu gösteriyorum. Senin tüm güvensizliğin kendi özünden uzak kaldığın için ortaya çıkmaktadır!

177. Kendini bulman için yapmanı öneririm: Gözlerini kapat ve evin içinde çılgınlar gibi dans et. Varoluşu kucakla ve başın dönene, yere düşüne kadar dansına devam et. Ve çocuksu masumiyetine ulaştığında seni sınırlayan her şey ortadan kalkacaktır.

178. Sen tüm hücrelerinle dansı hissederek yaşadığında, etrafında savaş da çıksa bunu hissetmeyeceksin. Yanında her şey olabilir, fakat sen orada olmayacaksın. Dansın büyüsü tüm varlığını kapladığında tüm sorunlar yok olacak, eriyecektir.

179. Gözlerini kapatıp tekrarlamanı isterim: Kendimi izleyen içsel yolculuğumdayım. Bedeni izliyorum; nefes alışımı ve şimdi de nefes verişimi... Düşünceleri izliyorum; bana misafir olarak gelen düşünceleri... Onlar birazdan gidecekler ve ben yine saf varlığımla baş başa kalacağım. Şimdi bulunduğum "an"ın içine giriyorum, içimi tarif edilemez bir huzur kaplıyor. Yaşamın tüm güzellikleri benim içimde, bunu çok net izleyebiliyorum.

180. Ve kendimi kucaklıyorum sevgiyle, özlemle... Huzur benim, aşk benim, sevgi benim. Ben mutluluğun ta kendisiyim.

181. Sen doğduğunda zaten tek başına çiçektin ve buradan ayrılırken de tek başına bir çiçek olarak gideceksin; o halde yaşam yolculuğunda sana katılanlar, sonra seni tekrar tek başına bırakanların olması kadar doğal bir şey var mıdır?

182. Sen çiçek açmanın hazzını yaşa, gelen sevgiyle gelir, gideni ya da gitmek isteyeni de sen sevgiyle yolcu et dünyasına...

183. Şayet bana aşkı soruyorsan, o senin varlığındır, o senin merkezindir, o senin derinliğindeki sıcaklıktır. O hiçbir yere gitmez, o kimseden ilgi ve şefkat beklemez, o tek başına da olsa huzurludur, neşelidir, coşkuludur. O bir çiçek fidesidir ve kendi içsel huzuru için dallarında çiçekler açar. O kimseye bağlı ve bağımlı değildir. Onu bir kez keşfettiğinde gözlerin ışık saçmaya başlar, hayat başka bir boyutta şekillenir. Onunla bir kez kucaklaştığında baktığın her yerde aşk görürsün, sen artık aşkın kendisi olmuşsundur ve benim tüm dileğim insanlığın aşka dönüşmesinden yanadır.

184. Aşkı sadece insanda arama. Aşk gördüğün her yerdedir. Bulutlar, yıldızlar, ağaçlar, kuşlar, kısaca tüm evren seninle dans etmeye hazırdır, yeter ki sen aşkın bütünlüğünün farkında ol. Bu sana muazzam bir derinlik katacaktır.

185. Tekrarlamanı isterim: Ben kendim olduğum için güzelim. Tıpkı bir çiçek gibi... Dallarda ötüşen kuşlar gibi... Rüzgârın mırıldandığı şarkı gibi... Varlığımı hissetmem yeterlidir ve ben kendi varlığımı hissettiğim sürece güzelim.

186. Mutlak aşk seni yormaz, o sana sadece huzur verir, şayet yaşadığın aşk seni bunaltıyorsa, özgürlüğünü kısıtlıyorsa, seni senden uzaklaştırıyorsa hemen oradan uzaklaş, o bir aşk değil, aşk adı altında yaşadığın esarettir.

187. İnsanlar sevgiyi bin bir şekle soktular. Onlar hoşlanmayı, tutkuyu, bağımlılığı sevgi sanıyor ve ben sana diyorum ki, şayet bir zihnin içinde yaşıyorsan içindeki sevgiye ulaşamazsın. Zihnin varlığı ile sevgi bir arada olamaz, onlar zıt kutuplardır; tıpkı mutluluk ve mutsuzluk gibi, aydınlık ve karanlık gibi. Hiç karanlık ile aydınlık aynı anda dans edebilir mi?

188. Birey, zihni pasifize etmeden, onun ötesine geçmeden "gerçek" sevgiyi hissedemez ve insanların ilişkilerinin bitmesi çok doğaldır, bu bir ölüm kadar doğaldır. Onlar sevginin içinde dans etmiyorlar, onlar zihnin kurnazlığı karşısında bir hapishane hayatı yaşıyorlar.

189. Mutlak sevgide özgürlük vardır, iki kanat bir olur ve gökyüzüne doğru kanatlanıp bulutların üzerinde dansa kalkarsın, yıldızlar senin sevgine şahittir. Zihinsel bir sevgide yine gökyüzüne doğru yükseldiğini hissedersin, ayakların artık yerden kesilmiştir, bu sana haz verir, fakat bu çok sahte bir hazdır. Karşındaki seni yavaş yavaş engellemeye, seni kısıtlamaya başlar; tüm bunlar kanatların birinin kırılmasına neden olacaktır. Bu durumda gökyüzünden hızlı bir şekilde yere çakılmaya engel olamazsın!

190. İnsanları izle, kendilerini değiştirmekten korkan insanları izle! Kendileriyle yüzleşmekten çekinen zavallı insanları izle! Onlar kendilerini değiştiremedikleri için sürekli olarak sevgili değiştirmek zorunluluğu hissederler!

191. Sen kimsenin aracı değilsin, şayet birisi seni araç olarak kullanıyorsa, senin üzerinden mutluluk sağlamaya çalışıyorsa o bir âşık değil, o bir dilencidir. O bir mutluluk dilencisidir, o bir sömürücüdür, o bir aşk katilidir. Evet, o bir katildir, o senin saf aşkını katletmek için uğraş veriyordur, bunun bilincinde değildir, bunun farkında değildir; ancak o bir aşk katilidir. Buna dikkat et!

192. Gerçek âşık sevgisiyle seni boğmaz, o senden ne alabilirim değil, sana ne katabilirim düşüncesindedir. O aşkla bütünleşmiş ve aşkın kendisi olmuştur, onun baktığı her yer aşkla doludur. O seni mutlu olmak için kullanıp atmaz, o zaten mutludur ve onun tüm niyeti mutluluğunu, sevgisini paylaşmaktır.

193. Huzurun yolu kalbindir, başarının yolu ise aklın/ mantığındır ve dengede yaşamak güzeldir. Hiçbir şeyi reddetmeden... Şayet yaşamın bir sunusunu reddedersen yaşamsal akışını durdurmuş olursun.

194. Unutma, huzurun yolu kalbindir, onun mantıkla bir ilgisi yoktur, o mantığın olmadığı yerde doğar. Aşk mantığın olmadığı yerde çiçeklenir, bunu izle, göreceksin, senin aşkın yalnızca huzurun yolunda çiçek açacaktır.

195. Aşk sevip sevilme meselesi değildir, o "bir" olabilmenin huzuru ve hafifliğiyle gökyüzüne yükselmenin verdiği coşkudur. Mutlak aşk varsa seven ile sevilen kaybolur ve bu kayboluşun ardından Allah'ın nuru belirir; çünkü O sevginin kaynağıdır. O salt sevgidir.

196. İçindeki dünya önemlidir, o senin dış dünyanı şekillendirir.

197. Bir ağaç insanları mutlu etmek için meyve vermez, o kendi bütünlüğü içinde huzuru kucaklamak için meyvesini üretir. Sen onun meyvesini koparır ya da koparmazsın, ağaç bununla ilgilenmez. Sen de sadece sevgini paylaşan bir varlık olduğun sürece bu yaşam senin için bir cennet bahçesi olacaktır.

198. İnsanları mutlu etmeye çalışırken kendimizi mutsuz bıraktığımızı fark edemedik.

199. Önce kendini anlamanı, tanımanı isterim. Toplumun sana empoze ettiği "önce bir başkası" tabusunu yıkmadan sevgi akışı gerçekleşmeyecektir. Kendi derinliğinde kaybolmadan, kendi içindeki sevgiyle kucaklaşmadan bir başkasına âşık olmaya çalışıyorsun ve bu ikinize de zarar verecektir. En önemlisi aşk olmaktır, sonra onu paylaşmanın hazzı gelir.

200. Aşkı dalından kopararak ellerine alırsan onu kurutursun. O senin ellerinde değil, yüreğinde büyür; bunu unuttuğun sürece aşkı kaybetmeye mahkûm olursun.

201. Aşk varlığında bir tohumdur, o senin kafanın içinde/mantığında değil, yüreğinde olgunlaşarak büyür.

202. Aşk bir erişme hali değildir, o basitçe senin olma halinde mevcuttur. Onu yüzeysel diyarlarda aradığında, yaşamın kokusu içine işlemeyecektir. Sen kendin olduğunda aşk varlığının derinliğinden yükselmeye başlar ve seni kanatları altında özgürleştirir. Sen ancak kendin olduğunda gerçek anlamda aşkın içine düşersin.

203. Toplum erkek ve kadını gece ve gündüz gibi görüyor; onları varoluşta "bir"lik içinde göremediğin sürece ayrım yaşarsın, ya karanlıktasın ya da aydınlıkta; ortada bir denge kuramazsın.

204. Ve huzur dengenin içindedir, huzur ne aydınlıkta ne de karanlıktadır, huzur bunların ötesindedir. Huzur, erkek ve kadın birliğe kucak açtığı anda ortaya çıkar, tıpkı çimenlerin içinde filizlenmiş papatya gibi onun muhteşem bir dinginliği vardır. Erkek kadını arzular, kadın erkeği arzular. Gündüz geceyi arzularsın, gece gündüzü ve ayrım olduğu sürece nihai huzur gelmeyecektir, öncelikle bunu idrak etmelisin.

205. Bir şeyi diğerinden ayırdığında bir bölünme yaratırsın ve tüm bölünmeler bir bastırma oluşturur. Sen mutluluğu seçersin, mutsuzluğu bastırmış olursun. Bu senin tüm dengeni bozacaktır; çünkü ayrımı var eden zihindir ve zihin sürekli sana nedenler sunarak cevaplar aratacaktır. Sen cevaplar peşinde koşmaktan sevgiyi hissedemez olursun. Zihin aşkı bölecektir, o sevgiyi bölecektir. Zihin birliği kabul edemez, o mantıksaldır ve mutluluk mantığın zıt tarafındadır.

206. Kadın ve erkek ancak "bir"liğe ulaştıklarında varlıkları çiçek açar, o zaman kök ve gövde birleşerek ortaya çiçekleri çıkar, ben buna "sevgi çiçeği" diyorum. Şayet bir ilişkide sevgi çiçeği açmazsa o ilişki kurumaya mahkûm kalacaktır. O halde, ne seven ol ne de sevilen, sadece sevginin kendisi ol en derinden...

207. Senin enerjini düşüren insanların farkındasındır, onları kıramadığın için kendi kalbini kırıyorsun; sadece senin enerjini dengeleyen insanları seç yaşamına, bu yaşam senin buraya ilk ve son gelişin. O halde artık insanları kırmamak için yaşayan biri değil, önce kendi kalbini hoş tutan bir insan ol. Senin huzurunla onlar da mutlu olacaklardır.

208. Şimdi sımsıkı sar kendini. Bırak etrafındakiler ne derse desinler, isterlerse deli sanıp şaşkınlıkla baksınlar sana. Sen koca bir dünya olduğuna inandıkça onlar da sana inanacaktır...

209. Aşk arıyorsan sen dışarıda, kendi evinden uzaktasın demektir. Bu evin kapısının önünde durup da "Başımı sokacak bir ev var mı?" diye sormaktan farksızdır. Sen zaten evin önündesin, tek sorun dışarıda olmandır, senin sadece içeri girmen yeterlidir.

210. Evin kapıyı açmadan aşkı hissedemezsin. O halde önce içine yönel ve huzurun kapısını aç, tam o an tüm güzellikler içinden bir volkan gibi fışkıracaktır.

211. Zihnin ötesinde olan her yer bizim mutlak sevgi, huzur ve mutluluk alanımızdır.

212. Sen bugüne kadar hep ucuz olana alıştırıldın, nerede ucuz bir şey görsen ona ihtiyacın olmasa bile zihnin sahip olmak isteyecek. Ve bir görüşte, bir anda âşık olabiliyorsun, ancak dikkat etmelisin; bir anda başlayan aşk bir anda bitecektir! Çünkü sen farkında olmadan ucuz, sahte bir aşka tutundun. Her şeyi zihnin planladı! Sadece farkında ol, bu kâfidir.

beş rahmet kapısı

BİLGE

BİLGE

Bu kitap içindeki bilgeyi bulman, onu tekrar uyandırman adına yazılmış bir vesiledir. Zihnin oyunlarından kendini arındırman ve yaşama daha enerjik, pozitif bakabilmen adına bu yolda yanında olmak istedim.

Zihnin ötesi rahmet ve aşk alanıdır. Zihnin ötesi huzur alanıdır. İnsan zihnin içinde kilitli bir dünyada esir haldedir. Zihin insanı kullanırsa bir köle, insan zihni kullanırsa bir bilgedir. Temennim önce zihni tanıman ve sonra hayatını istediğin gibi düzene sokabilmendir.

Zihin aslında çok güzel bir araçtır. Allah onu bize vermiş kullanalım diye, kendimizi bulalım diye, kendimizi bilip sonra da Rabbimizi bilelim diye. Ancak zihni şeytan ele aldığında tamamen bu bir silah haline dönüşüyor. O zaman zihin kendini değersiz, suçlu, sevgisiz hissettiriyor. Ya da sana korkular gönderiyor. Bütün yaşam enerjini alıyor.

İşte bu anlamda içindeki bilgeyi keşfetmen adına Bilge isimli kitabımızı yazma gereği duydum. Sende muazzam bir potansiyel var, yeter ki idrakine var. Çünkü insan bir halifedir. Allah'ın, güvenerek yarattığı en üstün mahlukattır. Dilerim kitabımız, içindeki bilgeyi tekrar keşfetmen yolunda sana da vesile olacaktır.

213. Ayırt etmekten vazgeçmeni dilerim. Sadece olumluyu düşündüğünde olumsuz olana enerji vereceksin, onu çok daha büyük bir hale getireceksin, bu yüzden bütüne saygılı ol. Bırak bütün senin içine işlesin. Yavaş yavaş huzurun doruklarına ulaştığını göreceksin.

214. Sorun yaşamın içindeki olumsuzluklar değildir; sorun, senin oluşu serbest bırakmaman, onun akmasına izin vermemen, bir mıknatıs gibi ona yapışman, sahiplenmendir!

215. Sen bir şey umarsın, yaşam başka bir şey sunar, sonra sen üzülür, yıkılırsın... O zaman umutları bırak! Umutlar koşula bağlıdır, koşullar zamana ve zaman geçmeye mahkûmdur. "Umudunu kaybeden her şeyini kaybetmiştir" diye söylenen sözleri bir kenara bırak; çünkü umut sana her şeyini kaybettirdi ama hâlâ farkında değilsin! O, uzakta hoş görünen ufuk gibidir, yaklaştıkça elinden kaçar. O halde kulağını kapat, yüreğini aç ve yoluna devam et, bu yoldaki her şey senin hakikatindir.

216. Zihin her zaman mutsuzluğun tarafındadır, onu yakalar, mutluluğu ise görmene engel olur, bu zihnin en sevdiği oyunlardan biridir, bu oyunun farkına varman kâfidir.

217. İnsanın varlığı başlı başına bir başarıdır; çünkü o, milyonlarca sperma arasından ana rahmine düşmeyi başarmıştır. Ben bunun üzerine başka başarı göremiyorum!..

218. Hayat öyle garip bir yol arkadaşıdır ki, ona sıkıca sarılıp umutlar bağladığında değil, özgür bıraktığında sana mutluluğu sunar.

219. Zihin seni kullanıyorsa bu köleliktir şayet sen zihni kullanıyorsan bu "bilgelik"tir.

220. Ne zaman birisi sana hakaret etse, kalbini kırmak istese, ona sadece gülümse, bu, "Ben senin uzaktan kumandalı oyuncağın değilim" demektir.

221. Her haklı olma ihtiyacı hissettiğinde farkına varmanı isterim; ego senden doyum bekliyor!.. Ve hemen onu sustur; onu beslemeyeceğini kibarca söyle ve sevgiyle yerine oturt!

222. Varoluş mucizelerle dolu kilitli bir kapıdır, anahtar ise sensin!

223. Zihin sürekli erteler, yaşama kalbiyle bakan insan ise "sonsuz an"ın/"şimdi"nin huzuru içindedir. O halde daima anımsa! Bir şeyi ertelemek için içinden bir ses yükseliyorsa bu ses; zihnin sesidir ve hemen uyan...

224. Her çocuk bilge doğar, sonra toplum onu kulaktan dolma bilgilerle köle yapar!

225. Mutsuzluğa gülen insan bilgedir ve onun gülümsemesi hiç bitmez.

226. İnsanın önündeki en büyük engel kendi düşünceleridir.

227. Ağlayacaksan ağla, ardından gülümseme gelecektir ve güleceksen gül, ardından hüzün gelecektir. Gökyüzü bazen bulutlu, bazen açıktır ve deniz bazen dalgalı bazen dingindir. Varoluş bu şekilde dans eder.

228. Düşünceler enerjidir, duygular enerjidir, her şey enerjidir ve her şeyi yansıtan sensin. Her şey senden çıkar ve sana döner; o halde kişi idrak etmelidir ki, enerjinin kaynağı kendisidir.

229. **Sen karanlıkla kaplıysan güneş seni aydınlatamaz. Sen aydınlık içindeysen karanlık sana direnemez. Aydınlık da sensin karanlık da, her şey sende başlar sende biter.**

230. Gece rüyanda kâbus görüyorsun ve uyandığında, "Çok şükür bunların hepsi kâbusmuş" diyerek oh çekiyorsun. Gerçek hayatta da kâbus yaşıyorsun; fakat bunun bir rüya olduğunu sana kimse söylemediği için ıstırap çekiyorsun! Şayet bir kez bunu idrak edersen bu hayat senin huzurun olacaktır.

231. **Ne zaman kendini kötü hissetsen "varoluş"la aranda bir uyum sorunu olduğunu göreceksin. Her şey üzerine üzerine geliyorsa belki de sen ters yoldasındır. Dışarıyı bırak, kaynağına dön ve tıkanıklığı izle. İzlemeye başladığın an çapaklar kalkacak ve nehir tekrar akmaya başlayacaktır.**

232. Ben sadece acının içinde "mucize" görürüm. Tıpkı bir balığın kılçığını çıkarıp bir kenara bırakmak gibi... Gerisini reddettiğimden değil; o kılçığın benim için bir anlamı olmadığındandır.

233. Daha çok söyleyeceklerim var belki ama akıl idrak etmez diye susuyorum. Sen sadece kalbini açık tut, kelimelerin ötesinde yüreğine akan bir nehir vardır ki, o sözlerin karanlığında değil, sadece sessizliğin aydınlığında görülür!

234. Her şeyin bir var olma sebebi vardır, şayet dikkat edersen gelen her duygunun seninle konuştuğuna şahit olursun. Onu dinle, ona kulak ver, ancak ona tutunma. O sadece senden anlaşılmayı bekliyor.

235. Bu dünya sana sıkıcı gelmeye başlar, Mars'ı, Ay'ı, Jüpiter'i keşfetmek istersin; bu dünya sana sıkıcı gelmeye başlar hemen bir aşk yaşamak istersin. Aslında sen sadece kendinden kaçıyorsun ve nereye gidersen git, zihin orada seninle birlikte olduğu sürece huzuru bulamazsın!

236. Tüm duyguların pozitif ve negatif yanı vardır. Sabır istersen bela peşinden gelecektir; onlar hiçbir zaman tek başına gezmezler. Lanet edersen öfke onu takip edecektir, Sağlık istersen hastalık onun yanından ayrılmayacaktır. Senin dışarıdan gelecek hiçbir duyguya ihtiyacın yoktur, sadece kaynağına dön ve dünyaya sevgi tohumları ek, ancak o zaman barış ve huzur el ele olacaktır.

237. Şayet dikkat edersen kelimelerin içi boştur, onları sen kendi fikirlerinle doldurursun. Bu yüzden kelimeler benden her zaman çekinmiştir; çünkü onlar bugüne kadar beni incitemediler, hiçbir zaman onların esiri olmadım!

238. İnsan acı durumda bile farkındalığını kaybetmemelidir. Senin lanetin düşmanının istediği şeydir; bu onun besinidir, yayacağın sevgi enerjisi ise onun üzüntüsü, onun eriyişi olacaktır.

239. Hayat sadece kendi araştırmanla, kendi deneyiminle daha yaşanılası bir hale gelir. Güzel ya da çirkin, iyi veya kötü, acı ve tatlı... Bunlar hayatın görünmez bedeninden birer parçadır. Parçaları bıraktığın an kendini bütünün içinde bulursun ve bütün senin özünün en derindeki parçasıdır. Bütünü bulan kendini bulmuş demektir.

240. İnsanlar küçük düşler kurdukları için küçük şeyler elde ederler, ne kadar büyük düşler kurarsan o kadar büyük enerji yaratırsın.

Unutma! Düş, senin varoluşla arandaki gizli köprüdür.

241. Huzursuz olan sen değilsin, huzursuz olan zihnin kendisidir ve sen kendini zihinle özdeşleştiriyorsun, zihnin senden bir parça olduğunu düşünüyorsun. Oysa zihin bir kalp ya da bir böbrek gibi organ bile değildir, o sadece düşüncelerin yuvası, bir enerji alanıdır. Onun ötesinde ise öz vardır, oraya bir kez ulaştığında mutlak huzurun içine düşersin.

242. **Yaşamdan tat alamıyorsan kendi yaratıcılığından habersiz, başkasının çizdiği resmin üzerinde çalışıyorsun demektir. O resim sana hiçbir zaman kendi çizdiğin resim gibi haz veremez, hatta gün geçtikçe sıkılmaya, boğulmaya başlarsın. O halde şimdi çöpün kapağını aç ve resmi çöpe at, elini kalbine götür; Allah'ın verdiği düşselliğini ve sezgini kullanarak resmini çizmeye başla. Bu resim senin, keyfini çıkar...**

243. Bütün bu mutsuzluğun nasıl ortaya çıktığını hiç düşündün mü? Huzursuzluk, senin yaşamdan beklentilerin, arzuların ile yaşamın sana sunduklarının uyuşmamasından doğarlar. Bir arzuya tutunduğun an huzursuzluk için zemin hazırladın demektir. Sadece işleyişin farkına varmanı isterim, bu farkındalık aydınlığın olacaktır.

244. Güzel bir güne mi başlamak istiyorsun?

O halde dinle! Varoluş senin niyetine, zihin ise bugüne engeller koymak için düşüncelerine bakar. Şayet düşüncelerin esiri olursan günün berbat geçecektir, niyetinin ne kadar derin ve güçlü olduğuna inanırsan mucizelerle dolu bir gün seninle olacaktır. O halde niyetin gücünün varlığından geldiğini unutma, onu her zaman önde tut. Varoluş güçlü enerjileri sever ve enerjiyi nereye aktarırsan orayı büyüteceksin.

245. Her şeyi bıraktığında her şey senindir. Şimdi bu sana ne ifade ediyor? "Her şeyi bırakırsam her şey nasıl benim olabilir?" diye soracaksın. O halde sana buzdağlarını anımsatmak isterim. Okyanusun bir köşesinde parçalara ayrılmış buzdağlarını... Ve bir buzdağı her zaman okyanusta parça halindedir, şayet o erirse, okyanusla birleşecek ve artık okyanusun kendisi olacaktır. Bundan sonra ona buzdağı diyemezsin, o okyanus olmuştur. O tamamen erimiş ve bütüne karışmıştır; bütünün kendisi, her şey demektir!

246. Zihin her zaman mutsuzluğun tarafındadır, onu yakalar, mutluluğu ise görmene engel olur, bu zihnin en sevdiği oyunlardan biridir, bu oyunun farkına varman kâfidir.

247. İnsanın kendini mutsuz hissetmesi, kapalı bir havada güneşi yok sayması gibidir, oysa sadece ışığın önüne geçici olarak kara bir perde geçmiştir.

248. Kendini biraz izlemeni isterim, ilk adım kendi içine, sonraki adım diğerinin içine akmaktır. Ve o zaman "bir" doğar.

249. Acı geldiğinde izin ver içine girsin, tüm hücrelerine kadar işlesin, onunla ilgilenme, onu rahat bırak; çünkü sen onu rahat bıraktığın an düşünceler artık yüz bulamayacak, sıkılmaya başlayacaktır, bir daha seni ziyaret etmek istemeyeceklerdir. Bunu devamlı tekrar et, mucizene şaşıracaksın.

250. Dünyada iz bırakan insanlar ölmezler, onların sadece bedenleri burada değildir.

251. Anlamak zihinsel bir eylemdir, anlamak egonun ince oyunlarından biridir. Ne zaman bir şeyi anlamaya çalışsan kendini şimdiki sonsuz anın dışında bulursun. Artık yaşam ellerinin arasından kayıp gitmiştir. Sen bu dünyayı anlamaya değil, onu hissederek yaşamaya geldin. Onu her damlasına kadar iç, kendini nihai bir huzurun içinde bulacaksın.

252. Arzular zihnin en çok kullandığı yemlerden biridir, mutsuzluğa zemin hazırlar; arzu yerine tüm kalbinle niyet etmek büyük bir ferahı peşinde getirir.

253. İnsanlar, "Nasıl mutlu olurum?" diye sorarlar. Fakat bu soru yanlış, bu soru seni zihin içine götüren, seni karıştıran, seni çıkmaza sokan bir sorudur! Önemli olan nasıl mutlu olacağın değil, senin nasıl bu hale geldiğin, mutsuzluğa nasıl izin verdiğindir. Şayet nasıl mutsuz olduğunun farkına varırsan bunu dönüştürebilirsin, o zaman öfkeyi kullanabilirsin. Eğer nasıl mutlu olacağına takılı kalırsan bataklığın içinde kaybolmaya mahkûm kalacaksın.

254. Hayat sadece bir yansıtıcı, beyaz bir perdedir, o senin içselliğini yansıtır!

255. **İnsanlar her şeyi kadere yükler ve şunu asla unutma: Hataya neden olan kader değil, ahmaklığındır!**

256. Hayat çok sadık bir gölgedir, o varlığının izini oluşturur. Sen içsel olarak mutluysan tüm dünyan mutlulukla dolar, şayet sen üzgün, öfkeliysen gölge bu şekilde oluşacaktır. Unutma! Kaynak hayat değildir, kaynak sensin; hayat sadece senin köklerinden var olur!

257. Ben dışarıdaki aydınlıkla ilgilenmiyorum. Şayet senin varlığından yükselen aydınlığı duyumsayabilirsen dışarısı da aydındır, senin aydınlığın bütün dünyaya ışık verecek kadar güçlü bir enerji yayar. Bu enerji gözle görülemeyecek kadar da kutsaldır!

258. Etraf negatif enerjilerle doludur, sürekli seni aşağıya, düşük enerjiye çekmek isteyen insanlarla birliktesin. Hatta bunlar senin en yakınların; kardeşin olabilir yahut eşin ya da baban olabilir... Ancak buna izin verme, kimsenin enerjini bölmesine izin verme, biraz farkında olursan yaşamında çok olumlu değişimlerle kucaklaşacaksın.

259. Yaşam üç nefestir. Onlardan biri geçmiş ve gelecek, diğeri ise şimdiki nefestir; ancak insan sadece şimdiki nefesin içinde var olabilir!

260. Önemli olan hayatın ne zaman son bulacağı değil, onu ne zaman hissederek yaşamaya başladığındır. Bizim yolumuz budur.

261. Reddettiklerini beslersin, onları güçlendirirsin, teslim olduğunda huzur çiçekleri açar, artık güneş doğmuştur, karanlık bulutlar yerini aydınlığa bırakır.

262. Her şey, tüm acılar senin oluşuna katkı içindir. Sadece olanları anlamaya çalış. Önemli olan kimin nerede ve ne söylediği değildir, onun sana kattığı farkındalıktır.

263. Karşısına çıkan, sana mutluluk ya da mutsuzluk veren her şeyin bir var oluş sebebi vardır!

264. Her insan dünyaya aydınlık olarak gelir, sonra onu toplum karartır!

265. Tüm alışkanlıklar hipnotik bir durumdur ve insan kendini düşünceleriyle hipnoz eden tek varlıktır.

266. Senin varlığına açılan, oraya girmeni sağlayan birçok kapı vardır; bunlardan bir tanesi, mutsuzluk, üzüntü, keder kapısıdır ve bir diğeri korku kapısıdır. Bu yüzden hiçbir şeyden mustarip olma, onları sadece dönüştür.

267. Ben insanların mutlu ya da mutsuz olmalarıyla ilgilenmiyorum, bunlar zihne bağlı devinimlerdir, nihai huzur; mutluluk ve mutsuzluğun, güzel ve çirkinin, tüm bu bölünmelerin ötesindedir.

268. İşten akşam eve döndüğünde bir rahatlama, bir gevşeklik hissedersin, niçin? Çünkü hiçbir insan sahte maskesini yirmi dört saat boyunca yüzünde taşıyamaz, onu bırakmak zorunda kalacaksın ve onu bırakacağın en uygun yer kendi evindir. Bu yüzden akşam olup eve girdiğinde muazzam bir rahatlama hissedersin.

269. İnsanları mutlu etmenin yüzlerce formülü varmış, hatta bunları kitaplara dökmüşler, ben sana sadece tek bir şey söylüyorum ve onun dışında tüm formülleri unut. Sadece kendin ol, olduğun seni dışarıya sun; bu kâfidir.

270. Beden dili hakkında hiç konuşmadım; ancak ben sana "sözlerin dili"nden söz etmek istiyorum: "Her an seni düşünüyorum" diyen insanlara dikkat et. Evet, sen gerçekten de her an onun aklında olabilirsin, fakat sorun burada; sen onun kalbinde değilsin! Sen onun hevesinde, arzularındasın!

271. Seni elde ettiğinde artık onun aklından çıkacaksın, akıl bu şekilde çalışır. Zihnin tüm derdi elde edene kadardır. Tıpkı bir araba ya da bir eşyaya sahip olduğunda zamanla hevesini yitirdiği gibi... Ancak bu sevgi değildir, bu tamamen kendi içindeki boşluğu seninle doldurmak isteyen bir insanın yaklaşımıdır!

272. İyi ve kötü, doğru ve yanlış, güzel ve çirkin, bunlar sadece senin fikirlerindir; onları sana toplum empoze etti. Kendi deneyimin olmayan her şeyden kurtul, yoksa bu hayat sana çekilmez gelmeye başlayacaktır.

273. İnsan, kendini düşünceleriyle hipnoz eden, kendi özgürlüğünü düşünceleriyle sınırlayan ve hapis hayatı yaşamayı kendine mahkûm bırakan en tehlikeli varlıktır.

274. Bir dostun olmalı, her şeyi ama her şeyi paylaşacağın bir dostun olması güzeldir; fakat sana dost derken bir insandan söz etmiyorum. Seni sadece dinleyecek, sana yorum yapmayacak, sana bilgi empoze etmeyecek bir dost... Bir ağaç olabilir ya da bir kedi, bir köpek; fakat bu asla ve asla insan olmasın. Göreceksin çocuksu masumiyetin tekrar geri gelecektir!

275. Bir kayısı ağacı erik vermek için uğraşmaz, bir gül fidesi asla papatya vermez, sadece zihinle özdeşleşen insanlar kendi olmaktan başka her yolu denerler.

276. Toplumun sistemi devamlı başarı ve kariyer odaklı olma yönünde işliyor ve sen yavaş yavaş özünden, kalbin yolundan uzaklaşmaya başlıyorsun. Aşkı bile başarı üzerine kuruyorsun. Eğer mutluysan başarılı, mutsuzsan başarısız... Tüm doğallığını, tüm masumiyetini yavaş yavaş yitiriyorsun... Ve sen anlamakla uğraşmaktan yaşamayı kaçırıyorsun!

277. Niçin kendine eziyet ediyorsun? Maskeler seni sadece yoracaktır. Patronunun yanında bir başka maske, eşinin yanında bir başka maske ve arkadaşlarının yanında ayrı bir maske... En basiti kendin olmaktır!

278. Sadece gözlerin gülümsemesi önemli değildir, onlar bazen çok sahte olabilir, nasıl tanıyacaksın? Yüreği gülümseyen insanlar vardır, onları hemen tanırsın; onlar tüm ruhları, tüm bedenleriyle birlikte gülerler. Bu yüzden gülümseme bile insanı yanıltabilir!

279. Ellerin, toplumun gizli zincirleri ve ayakların da onun görünmez prangalarıyla bağlı. Ancak görmene gerek yok, bunun farkına varman kâfi olacaktır. Ve o görünmez zincirleri idrak etmeden özgürlük gelmeyecektir.

280. Nerede olursan ol, her zaman sen bir esir olarak hayatını sürmeye mahkûm kalırsın!

281. Sen içinde neye dokunursan dışarıda da onu kucaklarsın! Unutma, dışarıda tezahür eden senin içsel yansımandan başka bir şey değildir.

282. Hayat nasıl sorunlu olabilir? Eğer hayat başlı başına sorunlu olsaydı tek bir usta, tek bir bilge ya da guru olmayacaktı. Ancak senin zihnin bir sorun fabrikasıdır ve yaşama zihnin içinden baktığın sürece varoluşun çiçeklerini göremezsin; göreceğin sadece bataklık olacaktır!

283. Cesursan özgürlük her zaman seninledir, o zaman dünyaya bu kadar sımsıkı sarılmazsın, o zaman eşyaları sahiplenmezsin.

284. Eğer bir korkaksan içinden geçenleri bastırmak zorunda kalacaksın, korkaklık seni kendi içinde esir kılar, cesaret ise seni kanatlandırır. Bu kadar!

285. Senin acılara ve direnmeye tutunma isteğin egonun yönlendirmesinden kaynaklıdır. Buna dikkat et. O olumsuzluğu kullanarak senin bir şeyler elde etmenden yanadır. Ego arzu ettiği bir şeyi olumsuzlukla kendine çekmeyi çok iyi bilir. Sen hasta olursun ve herkes senin başındadır, sen ağlarsın ve bir sürü insan teselli etmek için başında bekler. Olumsuzluk, aslında psikolojik doyumunu sağladığın bir yemdir.

286. Hayat bu... Birisi gelir ve sana hakaret eder ya da incitici bir davranışta bulunur. O an içine dön ve tepkinin geldiği kaynağı izle, işte o "ego"nun ta kendisidir. Ve şunun farkında olmanı isterim: Hakarete uğrayan egodur –ya da ona "zihin" diyebilirsin– ve unutma sen sadece tanık kaldığında, vuku bulana sadece tanık olduğunda artık dışarıda olan senin içine işlemeyecektir.

287. Varoluş her an senin doğumunu kutluyor, bunu derinden idrak ettiğin an kalbindeki tohum bir anda çiçek vermeye başlar. Artık cennet önüne serilmiştir!

288. Saatlerin geçmesini beklersin, sonra günlerin geçmesini ve sonra ayların... Ve yılların... Bu hep devam eder. Ancak nereye kadar? Sonsuz anın tadı bir kez tüm hücrelerine işlediğinde artık zaman beklentisi ortadan kalkmış olur. O zaman her anın ayrı bir keyif, ayrı bir mucizeyle dolar.

289. Yetenek tek başına yeterli değildir, o bir binanın giriş katı gibidir; şayet temelinde sevgi yoksa, yaptığın her ne ise sevgiyle bütünleşmiyorsa, her zaman yıkılmaya mahkûm olacaktır.

290. Hayat denge üzerine kuruludur, Güneş doğum saati geldiğinde gökyüzüne yükselir ve sonra sırayı aya bırakır. Yağmur varoluşun uygunluğunda düşer yeryüzüne. Yaşamın içinde sadece güneşin açmasını bekleyemezsin ya da sadece gece olmasını ve yıldızların dansını izlemeyi isteyemezsin. Hayırlı yaşamın akışında tek bir doğum yoktur. Ve unutma! Senin dünyanda da her zaman mutluluk olmayacaktır. Bir gün neşe gelir ve ansızın yerini üzüntüye bırakır, arkasından gözyaşları tıpkı yağmur gibi düşer toprağa. Hiç ummadığın bir anda tekrar içinde güneş açar. Anlayamazsın, şimdi ne oluyor? Anlamak zihnin/egonun parçasıdır. Her soruya cevap bulmak zorunda değilsin, nedenleri bırak Varoluş halletsin. O senin her zaman yanındadır. Sadece farkında ol, bu kâfidir!

291. Hayat bir puzzle gibidir, yaşam sana sadece boş bir tema sunar, önündeki parçalar senin seçimine göre yerleştirilir.

292. Yaşamın boyunca hedeflerini aşağıya çekmek isteyen insanlar olacaktır, onlar küçük düşler kuran insanlardır. Beni sınırlayan ve kalıplara sokmak isteyen insanlara teşekkür eder ve büyük düşleri olan insanlarla yolculuğu yeğlerim. Benim en büyük düşler kuran dostlarım çocuklar ve içindeki çocuğu hiç kaybetmemiş olanlardır!

293. İnsanlar, başkaları tarafından değil, kendileri üzülmeye izin verdikleri için mutsuz olurlar.

294. Bugüne kadar sana anlatılan her şeyi unut, onlar senin deneyimlerin değildi! Kişisel gelişimi bıraktığın an bireye dönüşüm başlar, işte bu "öz"e giden yolculuktur.

295. Eğer yaşamın gerçekliğine uyum sağlamıyorsan, yaşamın sunularını reddediyorsan bu seni bir köleye, sahte bir kişiliğe çevirecektir. Sen sahte bir çiçek olacaksın, renklerin solacak ve kokunu dahi kaybedeceksin.

296. Bu yüzden yaşama karşı savaşan bir asker değil, onunla birlikte uyum içinde akan coşkun bir nehir ol.

297. Sessizliği isteme, dinginliği arzulama. Hayır! Sen istedikçe, sen arzulara kapıldıkça her şey çok daha karmaşık bir hale geliyor, işin içinden çıkamıyorsun! Bu bir çaba meselesi değildir, bu farkındalıkla birlikte gelecek yeni bir insanın/bilincin doğuşudur. O halde niyet et ve akışa bırak, Varoluş her zaman gerekeni yapmıştır.

298. Anlam katmadan olanları izlediğinde cevaplar kendiliğinden sana ulaşır. Onlar hiçbir zaman geç kalmaz, tüm cevaplar gelmesi gereken vakitte gelir ve seni bulur. Varoluş uygun zamanı bilir, varoluşa güven...

299. Rüzgârı nasıl kontrol edeceğin hakkında bir fikir veremem, fakat sana uçurtma uçurtmayı gösterebilirim!

300. İnsanlar sana "Nasılsın?" diye sorduğunda verdiğin cevaba dikkat et. Eğer verdiğin cevap bir alışkanlık, bir ezberle ağzından süzülüyorsa kendine orada hemen bir tokat at ve içi geçmiş farkındalığını uyandır!

301. Bir şeyi şiddetle arzularsan bu bağımlılıktır ve bağımlılık köleliktir.

302. Olmayan bir şeyi zorlama; o, ya o olmaması gerektiği için olmuyordur ya da çok daha iyisiyle kucaklaşacağın içindir.

303. Varlığın doğası saf farkındalık ve tanıklıkla çevrilidir, o olan ya da olmayandan etkilenmez. Sadece izle. Sen bir tanık olarak tezahür edeni izlediğinde farkındalık içsel sezginden yükselecek ve çözümlemen gerekenleri gözlerinin önüne doğru getirecektir.

304. Şayet affetmekte güçlük çekiyorsan sen zihninle hareket ediyorsun demektir, zihin asla unutmayacaktır; çünkü zihin ezbere ve devamlı hatırlamaya programlanmış bir ego barınağıdır. Kalbiyle yaklaşan insan ise kırgınlığı ve kızgınlığı sevgisiyle eritecektir. Unutma, zihin egonun, kalp ise sevginin evidir.

305. Mutsuzluk ataların için bir üzüntü, bir kırgınlık ya da ağlama nedeni olabilir, fakat bu senin için aynı duyguların harekete geçmesini gerektirmez. Mutsuzluk, senin için dans etmeni harekete geçiren bir tetikleyici olsun.

306. Ve mutsuzluk ziyaretine geldiğinde kalkıp oynamaya, dans etmeye başla! Onu şaşırt, göreceksin bu seni hayatın doruklarına çıkararak yeni yaşama biçimin olacaktır. Yaşam, geçmişten gelen bir ezber değil, senin kendi bakış açınla yönettiğin bayram sahnesi olsun.

307. Eğer mutsuzsan mutlaka bunun farkında olursun, o halde sadece ve sadece bu farkındalığın keyfini çıkar!

308. Zihnin yolu başarıdır, fakat kadın öncelikli olarak kalbin yolunu kullanır. Kadın bir şiirdir, kadın bir müziktir ve bu yüzden erkekler kadınları zihinlerinde değil, yüreklerinde taşımalıdır.

309. Güneş doğar, hava kararır, karlar yağar, çimler yeşerir ve çiçekler açar; yaşam sürekli akış içindedir, o asla durağan kalamaz.

310. Sen sürekli zihnin oyunlarına takılıp kalıyorsan onunla aynı doğrultuda akamazsın ve senin tüm sorunların yaşam trenini kaçırdığın için ortaya çıkmaktadır!

311. Stresin sözlük anlamı "sıkıntı/gerginlik" olabilir, fakat stresin senin dilindeki anlamına kendin karar ver. Benim için stres, "içimdeki enerji kaynağımı hissettiren, yüksek motivasyon ve yaşamla olan dansıma eşlik eden bir nota"dır.

312. Düşünceleri özgür bıraktığında onlar kısa bir süre sonra taşıdıkları enerjinin yoğunluğunu kaybeder ve bitkisel hayata geçerler. Onlara tutunma, onlara enerji verme ve arkasından gelen güzelliklere odaklan. Düşünceleri özgür kıldığında aslında kendini özgür kıldığını fark edeceksin!

313. Yaşamı düz bir çizgi olarak görmek ahmaklıktır. Kim sana sadece mutluluktan söz ediyorsa ona hemen bir tokat at ve onu uyandır, aksi halde tüm varlığın yavaş yavaş zehirlenmeye başlayacaktır! Çünkü yaşam bazen inişli, bazen çıkışlıdır; tıpkı güneşin batışı gibi. Ve bir bakarsın ertesi sabah güneş tekrar yükselmiştir gökyüzüne. Hiçbir insan gücü güneşin batışına ve tekrar gökyüzüne doğru yükselmesine yardımcı olamaz.

314. Sadece yaşamın akışına güven ve onunla uyumlu ol, bu teslimiyettir ve teslimiyet sorunların arkasına gizlenmiş olan mucizeyi kucaklamana vesile olacaktır.

315. Niçin bu kadar mutsuz olduğunu hiç düşündün mü? İnsanlar mutlu olmanın çaresini arıyor; fakat benim görüşüme göre nasıl mutsuz olduğun sorusuna vereceğin cevap daha anlamlıdır. Bu cevaba bir kere ulaştığında içinde sıkışıp kalmış olan farkındalık aniden yükselmeye başlar. İşte o farkındalık artık senin hiç batmayan güneşin olacaktır.

316. Yaşamın karanlık tarafındaysan, mutsuzluk yakanı bırakmıyorsa sadece bekle; çember dönecek ve aydınlık seninle buluşacaktır.

317. Karşına bir sorun çıktığında onu şaşırt! Ona bir şarkı söyle, onu müzikle karşıla ve göreceksin, zihnin neye uğradığını şaşıracaktır. Ve bu senin bilgeliğinin yükselişi, zihinden öteye sıçrayışın/aydınlığın olacaktır.

318. İnsanlar yaşadıkları mutsuzlukları büyük resim halinde ve net bir şekilde zihinlerinde kendilerine çok yakın şekilde resmederler, mutlu anlarının resmini ise daha donuk şekilde ve daha küçük algılarlar, işte bu onlara, mutluluğun kendilerinden uzak olduğunun inancını aşılar!..

319. Yaşam geçmiş ile gelecek arasında açan bir çiçektir, onu sadece şimdiki anın içinde koklayabilirsin.

320. Unutma, var olan her şeyin beslenmeye/yaşamaya ihtiyacı vardır ve beslediğin hangi duygu, hangi düşünce ise yalnızca o büyüyecektir.

321. "Bir" insanı seviyorsun ve bu senin içinde titreşim haline geliyor; "bir" insana kızıyorsun ve bu senin içinde alevleniyor; o halde tüm insanlık idrak etmeli ki, her şey ayrı gibi gözükse de sadece bir bilincin içinde vuku bulmaktadır!

322. İnsanların zihni bir bölünme yarattığı için mutluluk gelip geçici oluyor. Mutluluk sadece bir rüzgârın esintisinde değil, mutluluk bir bulutun geçişinde ya da bir güneşin açmasında da değil. O sadece baharın gelmesiyle de ilgili değil...

323. Mutluluk, varoluşun kendisindedir, onu bütün olarak algılamaya başladığında baktığın her yerde mutluluk hissedeceksin.

324. Ne zaman içinde bir karanlık, bir kasvet hissetsen hatırla: Yaşam uykuya hazırlık yapıyor ve perdelerini kapatmış. Tek yapman gereken perdeleri tekrar açarak kendine "Hadi artık uyan!" diye seslenmektir.

325. Sen içinden en güzel müzikleri çal, sorunlar seninle dans etmeye en baştan hazırdır.

326. Hayat sana ellerini uzatmıyor ve seni kucaklamıyorsa, sen ona ellerini uzat ve hayatı kucakla.

327. Mutluluk başarılacak bir şey değildir, o bir hedef değildir, o varılacak bir nokta değildir. Zihnin tüm bu koşturmaları bıraktığında mutluluk hiç haberin yokken birden ortaya çıkacaktır. Maskeleri bırakarak bir başkası olmayı, bir unvan peşinde koşturmayı bıraktığında, arzularından sıyrıldığında ve olduğun seni bulduğunda bu hakikatle buluşacaksın.

328. Tek gerçek bu "an"dır. Şimdi, bu anın içinde nefes aldığını duyumsuyorsan hayat vardır; o tüm güzelliğiyle senin yanındadır, sen artık onun varlığını duyumsadın ve o sana mutluluğun kapısını ardına kadar araladı, görüyor musun?

329. Şimdinin içine gir ve yaşamın varlığınla olan dansına tanık ol. Huzur bu kadar basittir.

330. Yaşam değişkendir; bulutlar gelir ve geçer, yağmur yağar, güneş açar, gökyüzü karanlığa bürünür ve yıldızlar parıldamaya başlar. Çimenler yeşerir ve çiçekler açar, sonra yapraklar dökülür ve onların çıtırdayan sesleri ruhu dinlendiren bir müziğe dönüşür. Yaşam akış içindedir ve her şey değişime uğrar. Senin şu an doğru bildiklerin başka bir mevsimde aynı geçerliliği taşımaz. Zaman zihnin yarattığı bir kavramdır ve zihnin içinde her şey gelip geçecektir. Kaybolan bir şeyin gerçekliği ve doğruluğu olamaz, o sadece olmuştur. Hakikat zihnin ötesindedir.

331. Kadın, acı çekerken aynı zamanda tüm hücrelerini mutluluk saran dünyadaki yegâne varlıktır.

332. Mutluluğa dönüşüm için sorulması gereken soru "Nasıl mutlu olacağım?" değil, "Niçin bu kadar mutsuz oldum?" diyerek bunun farkına varmaktır.

333. Zihin kendini sevmene engeldir.

Zihin kendine güvenmene engeldir.

Zihin nefistir.

Zihin egodur.

Zihnin oyunlarını idrak etmek mutluluğa dönüşmenin ilk adımıdır.

334. Şişştt! Biraz sessizlik, zihnin çok düşünüyor, bedenin ile ruhun aynı yerde değil, bulunduğun yerde değilsin. Biraz sessizlik... Hiç durmadan yağmur yağar mı? Şayet yağmur hiç durmadan yağmaya devam ederse o seni boğacaktır. Tıpkı düşüncelerin içine düştüğün gibi... Boğuluyorsun... Lütfen, biraz farkındalık... Şimdi zihni durdur, onu bir kenara bırak ve işte buradasın, özünde/merkezinde...

335. Tekrarlamanı isterim:

Affetmeyi seviyorum, affetmek vicdanımın ve ruhumun enerji kanallarını açıyor, ben özgürüm ve kendimi seviyorum.

336. İnsanların size olan öfkesi, küskünlüğü ve sizi suçlamaları dışarıdan geliyormuş gibi görünen yanılsamadır!

337. Orada kimse yok, orada hiçbir şey yok. Suçlama dışarıdan geliyormuş gibi görünüyor; fakat bu sadece içsel bir ışığın dışa yansıyan gölgesidir.

338. İnsanlar yaşamdan bir şeyler bekler, oysa yaşam boş bir duvar gibidir ve onu sen süslemelerinle anlamlaştırırsın. Onu renkli boyalarla boyar, duvar kâğıtlarıyla kaplarsan ortaya renklilik ve güzellikler çıkacaktır. Duvarına çiçek resimleri çizersen evinin içi çiçek bahçesine dönecektir. Şayet sana verilen bu boş duvara siyah boya sürersen ortalık kararacaktır.

339. Mutluluk utangaç bir çocuk gibidir, onu çağırdığın zaman sana naz edecektir ve sen onunla ilgilenmeyi bırakarak kendine döndüğün bir anda mutluluk gelip yüreğinin tam ortasına oturacaktır.

340. İnsanlar dünyanın merkezi olduklarının çoğu zaman farkında değiller, oysa her insan bir merkezdir ve dünya insana değil, insan dünyasına yön verir!

341. Yaşamı kurcalamak istediğini söylüyorsun. Yaşam bir oyun bahçesi gibidir, bir bebeği içine bıraktığında o bahçede oyununu oynar, bahçede zorluklar da olsa bebek bununla ilgilenmez; çünkü o, yaşam bahçesinde mutludur, huzurludur, oyunun içindedir. Sen de o bahçedesin ama kendini o bebek gibi hissetmiyorsun, sen kurnazlık peşindesin. Sen, "Onu nasıl ele geçirebilirim? Nasıl kontrolü sağlarım?" diye kurnazca planlar peşindesin! Bu düşünceler içindeyken mutluluk senden hep bir adım uzak duracaktır ve bu hep böyle olmuştur.

342. İnsanlar senin beyaz sayfana siyah lekeler bırakabilir, rahat ve esnek ol! Bunu sorun etmeye gerek yoktur; çünkü sen nefes aldığın sürece yeni bir beyaz sayfaya sahipsin. Kararmış sayfayı bırakıp yeni sayfayı yüreğinden çıkarman kâfidir!..

343. Bu dünya sana anlatıldığı gibi değildir, bu öğretiler senin için doğru olamazdı; çünkü onlar başkalarının doğrularıydı ve seni farkında olmadan hipnoz altına aldılar. Bu hipnotik durum hâlâ devam etmekte. Din adamları, siyasetçiler, devlet büyükleri uyuyan bir toplum istiyor, yoksa seni nasıl kontrol edebilecekler!

344. İnsanlar isyanda, hayat çoğu için bitmiş durumda; çünkü hep başkalarının hayatını yaşadılar. Bu hayat onların değildi, başka bedenlerde, başka ruhlarda hayat buldular ve onlar gidince hayat da anlamını yitirdi. İnsanlığın en büyük sorunu budur; kendi hayatını yaşamıyorsan yaşadığın hayat senin değildir. Nasıl olabilir ki? O hayat başkasının ve o gittiğinde sen de bitiyorsun. Şayet farkına varırsan bu senin aydınlığın olacaktır.

345. Arkadaşı Yas Ustası UK'ye sordu:

"Dışarıda büyük bir gürültü, kalabalık var, fakat sen hiçbir şey yokmuş gibi boş bakıyorsun. Hep bir gülümseme halindesin. İçmeden sarhoş gibisin! Bu nasıl oluyor?"

346. Usta gülümsedi ve şöyle dedi:

"İçimdeki boşluk, dışarıdaki kalabalığı göremeyecek kadar büyük ve sevgi dolu!" Ve o an şimşek çaktı!

347. İnsanlara dikkat et, mutlu ya da başarılı olmak için nedenler ortaya koyar ve sonra sonuçlara ulaşmak isterler. Şunu yaparsan mutlu olursun; böyle yap, arkasından başarı gelecektir. Ve ben sana nedenleri bırak diyorum, onlar zihnin oyunu, sen önce sonucu çağır kendine... Balık tutmaya git, fakat balığı tutmadan önce yakala! Onu ellerinde hisset, avuçlarının içinde kıvrandığını gör. Sonuç budur ve nedeni bırakıp sonucu çağırdığında hayatın akışı olumlu yönde değişecektir.

348. Sadece kendini izle... Bir deniz ol ve okyanusa ak... Önünde çukurlar da olsa o zaman üstünden ya da yanından geçebileceksin... O zaman engel olmayacak, o zaman zor kalmayacak. Sadece yaşama güven ve teslim ol. O senin kendine olan güvensizliğin yüzünden berbat gözüküyor!

349. Kendini sınırladığın kadar sensin ve sınırladığın kadarını yapabilirsin.

350. Evren zihnin yanılsamasıdır! Gördüğün her şey sensin! Hepsi beyninin içinde, beyni kapatırsan bir dünyanın kalmadığına şahit olacaksın. Diğerleri kalmayacak, bir dünya kalmayacak, o gördüğün kocaman dünya ve tüm içindekiler sensin. Annen de sen, baban da sen ve diğerleri de... Her şey sensin.

351. Ego şimdiki anda asla yaşayamaz, bu onun ölümüdür. Onu şimdiki ana taşırsan –ki bu gerçek yaşamdır senin için– o zaman ego ölür. Bu nedenle ego seni zihnine yönlendirir ve sana şöyle seslenir: "Mutluluk dışarıda, dışarıda her şey var, içeriyi unut."

352. Sen kendi içine döndüğünde, varlığına indiğinde şimdiki anı yaşayacağını o çok iyi bilir ve ego bundan korkar. Bu egonun korkulu rüyasıdır.

353. Ego aslında çok korkak bir şeytandır, onu güçlü kılan sensin, onu var eden sensin, bunu izlemelisin.

354. Her insan potansiyel bir enerjidir ve iki tür insan vardır: Enerjiyi dışarıda arayanlar, enerjinin kendisi olduğuna inananlar!

355. Bütün sıkıntılar ve huzursuzluklar, bizim hayal ettiklerimiz ile yaşamın karşımıza getirdiği olaylar arasındaki farktan doğar.

356. Dışarıda bir aydınlanma istiyorsun. Önemli olan senin içinde bir parlamanın oluşmasıdır, aydınlık içinde gerçekleşirse bunu varlığın hissedecektir, fakat aydınlık için dışarıdan birisinin sana fener tutmasını istersen bunu hissedemezsin, o çok suni olacaktır ve sen bundan asla haz alamazsın.

357. Bütün bloklar, bütün duvarlar, bütün engeller zihninin içinde sıralanmış durumda, onları hedeflerinin önüne toplumsal işleyiş sonucunda sen diktin! Yapabileceğine yüreğinle inandığında içlerinden rahatlıkla geçebilirsin!..

358. Dışarısı oldukça aydınlık, fakat sen karanlıksın!

359. O zaman yaşam tatsız gelir, yaşamdan renk alamazsın; çünkü yaşama renk veren sensin. Sen karanlıksan yaşam da karanlıktır. Aydınlanmak için bir şey yapmana gerek yoktur, sadece sende olanın farkında olman kâfidir.

360. Ulaşamayacağınızı bilseniz de "Yapamam" demeyin; çünkü "Yapamam" bütün inanç ve motivasyonunuzu körelten zehirli bir kelimedir.

361. Küçük işler küçük düşünen beyinleri peşine takar ve ona "Beni kurcala" diyerek önerme getirir. Onu kurcaladıkça artık küçük işler büyümeye başlar, sen kurcalarsın ve o içinden çıkılmaz bir hal almaya hızla devam eder. Sonra uzmanların kapısını çalmaya başlarsın; çünkü bu iş seni aşmıştır. Ona parmak attın, ona teslim olmadın, onun sana kattıklarını göremedin ve sen onu bütünüyle bozdun!

362. *Küçük ayı annesine sordu:*

"Bütün kış uyuyoruz, dünyada en uzun süre uyukla-yan biz miyiz?"

363. *Anne ayı cevap verdi:*

"Maalesef yavrum, dünyada en uzun süre uyuyanlar insanlardır, hatta onların henüz uyandıklarını görmedim!"

364. Bugün adınızı değiştirin ve adınız Gün Boyunca Huzur olsun ve içsel bir sesle yüzlerce, binlerce, her aklınıza geldiğinde "Ben huzurun kendisiyim" diyerek seslenin. Ve neler olduğuna şahit olun!

365. Aydınlanmadan önce her şey senin içindedir, bütün sorunlar seni ilgilendirir, zihnin sürekli arayıştadır; aydınlanmadan sonra ise hiçbir şey yoktur. Her şey yine olduğu gibidir; fakat sen yoksun... Zihin yoktur, ego yoktur, mertebe yoktur. Gerçek yaşamın içindesindir. Yemek yerken yemek olursun, severken sevginin kendisi!

366. Eğer bildiğin doğrularla bir şeyler yanlış gidiyorsa onlar senin doğruların değildir ve sen buna rağmen kendi deneyimlerinle kendi yaşamına yön vermiyor, hareketsiz kalıyorsan hâlâ büyük bir hipnozun etkisi altında yaşıyorsun demektir!

367. Bir ilişkiden "ne alırım" düşüncesinden çok ona "ne katarım" düşüncesiyle yaşayan melek kalpli bir kadın vardı ve o şimdiye kadar yaşamış olduğu her ilişkide yüzüstü bırakılmış ve kalbi kırılmıştı. Yürekli kadın bir gün Yas Ustası UK'ye geldi ve "Benim kalbim çok hassas, çabuk kırılıyor, bu durum insanlara çok değer verdiğimden kaynaklı olsa gerek. Sizce ne yapmalıyım?" diye sordu.

368. UK kadının gözlerinin içine baktı ve şöyle dedi:

"Bu senin kalbinin hassaslığından kaynaklanmıyor, sadece insanlar oraya nasıl dokunması gerektiğini bilmiyorlar!"

Ve şimşek çaktı!

369. Buda dilencilik yaptığı bir sırada onun müridi olmak isteyen biriyle karşılaşır ve mürit sorar:

370. "Siz isteseniz dünyanın servetini edinebilirsiniz, fakat her gün hiç usanmadan buraya geliyor ve dilencilik yapıyorsunuz, bunun bir açıklaması var mı?"

371. Buda gülümser ve şöyle der:

"Ben sevgiyle dileniyorum, bu bir eylem değil, bu bir arzu değil, bu saf sevgi ve benim içimde servet sahibi olmak için arzular üreten bir egom yok ki!"

372. Adamın biri çok mutluydu, oturmuş gülüyordu ve herkes şaşkın bakışlar içinde ona bakıyordu: "Bu adamın nesi var böyle!"

373. İçlerinden biri oradan geçmekte olan Yas Ustası UK'yi gördü ve sordu:

"Bu adam bir deli olmalı, niçin kendi kendine gülüyor böyle?"

374. Usta, gülen adamın yanına gitti ve kulağına fısıldadı:

"Mutsuz olmadığın için insanlar şaşkın. Normal insan gibi değilsin. Bu insanların ulaşamadıkları yere ulaştın, fakat bu yüzden onlar seni boğabilir; benimle gel, sen bu dünyaya fazlasın!"

Ve gülerek oradan uzaklaştılar...

375. Şişşşt, yaşam şarkı mırıldanıyor, duyuyor musun? Zihni biraz kapat, durdur onu! Ya şimdi? Önce izle, nasıl mutsuz oluyorsun?

376. Ve sonra tekrar izle, mutsuz olmaya niçin izin veriyorsun?

377. İki arkadaş yolda Yas Ustası'yla karşılaştılar ve biri Yas Ustası'na sordu:
"Sen bir bilge misin?"
Usta sadece gülümsedi. Adam, tekrar sordu:
"Yoksa sen bir deli misin?"

378. Usta ona yine gülümseyince diğer arkadaşı araya girerek "Bırak" dedi, "görmüyor musun, onun içinde senin takdirini ya da senin hakaretini yakalayacak bir ego yok, ne söylersen söyle o sadece gülümseyecek!.."

379. Yas Ustası UK bambu evinde yaşamı izlemekteydi, oradan geçmekte olan bir adam yanına yaklaştı ve yaşadıklarından dolayı canının çok yandığını söyledi. Usta onun tüm şikâyetlerini tek bir kelime etmeden saatlerce dinledi.

380. Ve adam sordu:

"Peki şimdi ben bu acının geçmesi için ne yapacağım?"

381. Usta adamın eline bir çizik attı, derisi hafiften sıyrılmıştı, fakat usta bunu o kadar sevgiyle yapmıştı ki adamın canı hiç yanmamıştı; ama adam gene de isyan etti:

382. "Ben sana canımın yandığını söylüyorum; senden cevaplar beklemekteyim ve sen benim elimi yaralıyorsun..."

İçinden "Bu adam bir deli olmalı" diye düşündü.

383. Ve Usta adamın sözlerine gülümseyerek cevap verdi:

"Deri soyulduğu için endişe etme, orası önce kırmızı rengi alacak, sonra üzerinde küçük bir kabuk oluşacak ve sonrasında tekrar yeni taze deriyle yara kaplanacak! Tüm bunlar kendiliğinden gelişecek, senin bir çaba göstermene gerek yok, sen sadece mucizene tanık ol, bu kâfidir!" Ve şimşek çaktı!

384. Hiçbir sorun ciddiyet taşımaz, o saf haldedir, o sadece mevcut enerjisiyle gelir, yoğunluğu ne fazladır ne de azdır. Ve onu yoğunlaştıran senin bakış açındır, onu ne kadar büyütürsen o kadar sorunlu bir hal alır.

385. Ona kattığın yoğunluğu azaltabilirsin, o önce bir portakal büyüklüğünde olabilir, sonra onu bir fındık kadar küçültebilirsin ve onu sonunda toz parçaları haline getirerek üflersen o kaybolacaktır!

386. Tehlike güzeldir, o sandığından daha yararlıdır, o farkında olmanı sağlar, o seni dondurur ve kendine döndürür. Bütün düşünceler bir anda kaybolur, içsel bir yolculuğa doğru hızla koşarsın! Tıpkı bir köpeğin seni kovalaması gibi. Bir köpek seni kovaladığında tehlikedesindir, hızla koşarsın, zihninde hiçbir düşünce belirmez, anın içindesindir, tamamen gerçek yaşamda, son derece dikkatli, son derece farkında...

387. Tehlike bütün odağını kendine döndürür, o senin bütün olman için gereklidir.

388. Bir usta seni sadece sevgi bahçesine kadar götürebilir, oradaki çiçekleri koklamak senin seçimine kalmıştır!

389. Her insan dünyaya aydınlanmış olarak gelir, sonra onu toplum karartır!

390. Her duygu bir enerjidir ve enerji çok güçlüdür, o sandığından çok daha güçlü bir potansiyele sahiptir, o saf halde bir enerjidir ve sen onu bakış açınla yönlendirirsin. O seni hem dibe vurabilir hem de kanatlandırıp uçurtabilir, onu nasıl kullanacağın senin seçimine bağlıdır!

391. Şayet bunun farkındalığını kazanırsan her duygunun içinde bir güzellik görürsün. Bu senin bütünlüğün haline gelir, bütünleşmiş bir insan artık olmuştur, o yaşamdır, o aydınlıktır, o sevginin ve aşkın kendisidir!

392. Düşünceler yağmur damlası gibidir, yola çıkmak istediklerinde onları kimse durduramaz.

393. Bilgi senin kafanda yüktür, ben farkındalıktan yanayım. Bir bebek dünyaya geldiğinde meleklerle konuşur, onları görür, onlara güler ve o zihne ulaşmadan bebek yaşta öldüğünde doğruca cennete geri dönecektir. Çünkü o zihinle hiç tanışmamıştır, o bilgiyi keşfetmemiştir, o saf sevgi olarak gelmiş ve bu dünyadan saf sevgi olarak geri dönmüştür. O bu dünyaya orijinal olarak gelmiş ve orijinal olarak gitmiştir!..

394. Düşünceler sana ilk geldiğinde onların içindeki kendi varoluşsal enerjisi çok küçüktür ve sen onlara tutunmaya, onları beslemeye devam ettikçe kendi enerjini düşüncelere vermiş olursun. Artık onlar daha çok büyümüşlerdir ve onlar sana bir kere gelir, fakat sen onları her güne taşırsın. Neredeyse yaşamı boyunca aynı düşünceyi taşıyan insanlar vardır.

395. O insanlar yaşamı suçlamaktadırlar, yaşam onlara bir kere o düşünceyi sunar ve insanlar bu düşünceyi yıllarca zihinlerinde taşırlar ve onlara göre yaşam suçludur, adil değildir!

396. Özlü sözü izlemelisin:

Her insanın içinde iki ağaç vardır, biri mutluluk açar, diğeri hüzün. Hangisini sularsan onun meyvesini tadarsın.

397. Gördüklerin, duydukların, öğrendiklerin, bildiklerin; duygular, düşünceler ve kelimeler senin gerçekliğini oluşturmaz, onlar sadece yaşam yolculuğunda yapmış olduğun deneyimlerin içindeki araçlardı ve sen yaşamış olduğun bir deneyim sonucu hayal kırıklığına uğradıysan o deneyimi hemen bırak. Onun üzerine artık çalışmaya gerek yoktur. Başarısız oldun ya da âşık oldun ve bu deneyim kendini kötü hissetmene yol açtı. Onu olduğu yerde bırak ve diğerine geç, yaşam asla takılmaz, yaşam sürekli akış halindedir. Yaşamı yakalamak istiyorsan eski deneyimine takılma, onun sadece bir deneyim olduğunun farkındalığına ulaş, o zaman yaşamla aynı doğrultuda akarsın.

398. O zaman yaşamla ahenk içinde dans etmeye başlarsın.

399. *Yas Ustası meditasyon halinde oturuyordu, yanındaki arkadaşları da onun gibi gözlerini kapatmış bekliyorlardı. Usta bir ara gözlerini açtı ve onlara ne yaptıklarını sordu.*

400. *"Mucizeye odaklandık, senin gibi onu bekliyoruz" dediler.*

401. *Usta gülümsedi ve şöyle dedi:*

"Ben mucizeyi ne arıyorum ne de bekliyorum; tek yaptığım, varlığımın evrene katkısındaki mucizeyi izlemek. O zaten 'ben'im!"

Ve şimşek çaktı!..

402. Bildiğin "sen"in ötesine baktığında, düşüncelerin ötesine geçtiğinde ve sana empoze edilen tüm kalıpları bıraktığında orada bir mucizenin, seni bekleyen bir mucizenin olduğunu göreceksin!

403. Aydınlanmak için ne bir değişim ne bir formül ne de motivasyon gereklidir. Aydınlanma, kabulleniş ve yaşama teslimiyet gerçekleştiğinde senin içinde bir anda kendiliğinden yükselecektir.

404. Ben yaşamın yüzeysel kısmına karşı değilim, tam aksine her şeyi sevgiye dönüştürmeyi seçiyorum. Ancak bütünü kavradığında sorularına cevaplar bulabilirsin ve bütüne ulaşmak için derinden işe başlaman gerekiyor! Anlaşılması gereken budur!

405. Sen şu an makyajınla ilgileniyorsun, fakat gemin batıyor. Önce gemiyi kurtarman gerekir, sonra yaptığın makyaj anlam bulacaktır, yoksa denizin derinliğinde kaybolduğunda o güzellik, bakım hiçbir anlam ifade etmeyecektir!

406. Bütün etiketlerden sıyrılarak saf kendi varlığını hissettiğinde bir güneş gibi ışık saçacaksın!

407. Öğretilere ihtiyacın olmadığını, yaşamı gerçek anlamda izleyerek tecrübe edindiğin gün, hayata yeniden gözlerini açmış bir bebek gibi masum ve sevgi dolu olacaksın. İşte o zaman bir nehir gibi akış içinde yaşamı kucaklayacaksın.

408. Yaşamın hem yapıcı hem de yıkıcı olduğunun derinsel bilincinde olacak, özgürlüğü ve huzuru iliklerine kadar hissedeceksin!

409. *Arkadaşı Yas Ustası UK'ye meditasyonun ne olduğunu sorduğunda Usta ona bir zen koanı vermişti:*
"Git ve yaşamı izle, sonra olanları bana anlat."

410. *Arkadaşı sessiz bir mekâna gidip akşam geri döndü ve meditasyonun ormanda öten kuşlar olduğunu söyleyince Usta ona bir tokat atarak yineledi:*

"Git ve yaşamı izle!"

411. *Arkadaşı tekrar gitti ve birkaç saat sonra geri dönerek Usta'ya meditasyonun rüzgârın şarkılar mırıldanışı olduğunu söyleyince Usta ona aynı şekilde bir tokat daha atarak "Git ve yaşamı izle!" diye bağırdı.*

412. *Adam gitti ve bir gün geçti, üç gün geçti hâlâ dönmedi. Usta onu aramaya çıktı ve kendisini bir ağacın altında sessizce otururken buldu. Adam ustayı görünce ona şöyle söyledi:*

413. *"Meditasyonun mutlak sessizlik olduğunu izledim ve onun derinliğindeki saf sevgiye ulaştım. O kadar huzur verici bir durumdaydım ki size gelip bunları anlatmayı unutmuşum. Size minnettarım, siz zihinsel düşünen insanların anlayamayacağı kadar merhametli ve şefkatlisiniz!"*

Ve şimşek çaktı!..

414. İnsanlar yaşamdan bir şeyler bekler, oysa yaşam boş bir duvar gibidir ve onu sen kendi süslemelerinle anlamlaştırırsın. Duvarın sen doğduğunda boş haldedir, üzerinde tek bir çizgi, leke ve aksesuvar yoktur. Onu güzel boyalarla boyar ve duvar kâğıtlarıyla kaplarsan ortaya güzellikler çıkacaktır. Duvarına çiçek resimleri çizersen evinin içi çiçek bahçesine dönecektir. Fakat seçimini bir başkasına bırakırsan o senin duvarına gelip siyah bir boya yapacaktır, bu hep böyle olmuştur. Seçimini kimseye bırakma, bu yaşam senin. Anlaşılması gereken budur!

415. Mutluluğu kovalama, onu elde etmek için çaba göstermê, mutluluk bulunacak bir şey değildir; O, bütün koşturmalarını, kaygı ve korkularını bıraktığın an içinde bir güneş gibi doğacaktır. Unutma, karlar kendiliğinden yağar ve yeryüzü bir anda bembeyaz olur!

416. Seni bir şeylere zorlayan ego denen şey şeytanın ta kendisidir ve sen onu bıraktığında içsel olarak güzelleşmeye başlarsın. İçindeki güzellik dışarı yansır ve yüreğinde güller açmaya başlar. Bu sana muazzam bir huzur getirecektir.

417. Toplum seni şu şekilde programlar: Biz insanlara güvenmiyoruz, bu yüzden askeri birlikler kurduk, polis teşkilatı oluşturduk, güvenlik son derece yüksek durumda. Psikiyatrlarımız var. Sen kendine sakın güvenme. Senin içsel güvenliğin tam olursa, bize ihtiyacın kalmayacaktır, o zaman milyonlarca insan işsiz, büyük bir iş sektörü de devre dışı kalacaktır.

418. Sen bir koyun olmaya devam et, sakın uyanma, şayet uyanırsan bize de ihtiyacın kalmayacaktır. Sen uyanık halde, zeki ve farkındalık dolu olursan biz seni nasıl yönetebiliriz? O zaman bir devlet olmayacaktır, o zaman bizler de işsiz kalacağız!

419. "Yapamam" bütün inanç ve motivasyonunu körelten zehirli bir kelimedir. Bu kelime seni sınırlar, içindeki müthiş gücü keşfetmenin önündeki en büyük engeldir; içindeki zehirli kelimeleri fark ettiğinde ve onlardan sıyrıldığında nihai bir başarı seninle olacaktır.

420. Zor olanı sen var ettin, o, zihnindeki hatalı bir programdan öte bir şey değildir!

421. Geçmiş ve gelecek sadece zihnin kurgusudur, olanların hepsi şimdiki sonsuz anın içindedir, gerisi sadece bir yanılsama, bir illüzyondur.

422. En büyük başarın, seni sınırlayan kendi düşüncelerinin önünden çekilmek olacaktır!

423. Ben senin bilgiyle donanmandan değil, mevcut sezginle farkındalığa ulaşmandan yanayım. Kullanılmayan boş bir bilgi sana ağırlık, farkındalık ise huzur ve muazzam bir dinginlik getirir.

424. Etraf sorunlarla doludur ve sorunları yakalayan senin zihnindir, mevcut zihnin soruna odaklıyken, sürekli sorunları yakalıyorken, o sorular dünyasında yaşıyorken asla çözüme ulaşamazsın. Çözüme ulaşman için zihnin dışına, onun ötesine geçmen kâfidir... İşte o zaman her sorunun içinde kendi cevabını doğurduğunu net olarak görebileceksin. Sadece kendine dışarıdan bak, bu yeterli olacaktır.

425. Doğu içsel yolculuğa odaklıdır, Batı zihni daha yüzeyseldir ve ikisi dengeyi oluşturur. Tüm yollar Allah'a uzanır... Her ikisi de insanoğlunun zihninin dışına çıkmasına vesiledir ve zihnin dışına çıktığında kendi varlığın/özünle buluşursun. Bu senin ulaşabileceğin en uç noktadır ve oraya ulaştığında varlığın çiçek açar. Çünkü sen bir tomurcuksun ve senin çiçek açman için varlığına geri dönmen gerekir. Daima farkında olmanı isterim: Her insan dünyaya bir sevgi tohumu olarak gelir ve o varlığıyla kucaklaştığında cennet bahçelerinin çiçeklerini duymaya başlar.

426. Şayet sürüden ayrılanı kurt kapar düşüncesiyle yaşarsan asla cesaret gelmeyecektir. Ve cesaret yoksa yaşam sana boş, anlamsız gelmeye başlar. Zamanla toplumun oyuncağı haline gelirsin, bu yüzden ben, eğer sürüden ayrılmazsan bir koyun gibi kırkılmaktan kurtulamazsın diyorum.

427. Topluma dikkat et, o, seni yaşaman için değil, hayatta kalman için koşullandırır. Ve sen bir kez bu kaosun içine girersen boğulmaya başlarsın. Nefes almak bile sana acı gelmeye başlar, sen artık yaşamayı bırakmışsındır ve senin tüm çaban yarına kalabilmek olmuştur.

428. Yarına kalabilmek için bugünü feda ediyorsun ve yine aynısını, aynısını ve aynısını yapıyorsun. Ömrünün sonuna kadar hayatta kalmaya çalışacaksın ve son gün geriye baktığında aslında hiç yaşamadığını fark edeceksin.

429. Ben senin yaşamanı istiyorum, yıldızların kuyruğuna tutunarak dans etmeni, kuşlarla birlikte şarkı söylemeni, martılara simit atarak huzuru kucaklamanı... O halde önce kendini aşkla kucakla sonra dünya aşkla buluşacaktır.

430. Sana bir sır vereyim: İnsanlar yarını düşünürler, gelecek diye hayaller kurarlar. Onların asıl amacı hayata tutunabilmektir, bu onları psikolojik olarak rahatlatır; çünkü insanlar yarına kalabilmek için uğraş verirler. Ben senin hayata tutunmanı değil yaşamanı istiyorum. Şu andan başka bir an yok, o halde dans et, şarkılar söyle, çılgınlar gibi zıpla, atla, koş; bırak sana deli desinler.

431. Hayata tutunup bir ölü olacağına, yaşamayı seçerek hayatı sonsuzlaştırabilirsin. Önemli olan çok yaşama meselesi değil, yaşamın tadını çıkarabilmenin derinsel coşkusudur.

432. Hayat yeniliktir, her an yeniliklerle doludur; her an taze bir yaşam vardır, derin bir nefes al ve onun içine gir. İçinde yeni bir doğumu, yeni bir enerjiyi hissedeceksin.

433. Rahat ol, bozulan taşları yerine oturtmayı arzulama, bunu isteme; çünkü yaşam bir oyundur ve o taşlar yerine oturduğunda oyun da sona erer, bunu anlaman gerekir.

434. Oyuna devam et, önemli olan taşların yerine oturması değil, taşları sevgiyle okşaman ve kucaklamandır.

435. Sen geçirgen değilsin, esnek değilsin, sen sert bir duvar gibisin. Niçin?

436. Çünkü sen bilgilerle dolusun, sen tabularla dolusun, sen kurallarla dolusun. Bir bebeğe hakaret et; o sana sadece gülümseyecektir ve bir bebeğe teşekkür et; o yine sana sadece gülümseyecektir. Bebek ne söylediğinle ilgilenmez, o esnektir/geçirgendir. Sen bir duvarsın ve tüm hakaretleri yakalayan bir mıknatısa dönmüşsün ve bu sana zarar veriyor.

437. Hayat çok basittir, o senin anlayamayacağın kadar basittir. Sadece basit ol, çok düşünme, çok düşünerek hayatı ıskalamanın anlamı var mı? O halde basitliğin içinde kaybol, kendini varoluşa bırak, sorular dünyasında yaşamı kaçırırsın, ben senin cevaplar dünyasında nefes almandan yanayım.

438. Sana henüz uyanmamış birisi bu dünyayı anlatmaya kalkarsa onun yanından hemen kaç, hemen oradan uzaklaş, arkana bile bakma! Bu yaşam bir yorumlama meselesi değildir, bu senin deneyimin ve içindeki farkındalığın getirdiği hakikattir.

439. İnsanlar kilo alıyor; çünkü bastırılmış duyguları var, onlar duygularını bastırdıklarında hemen yemeğe sarılırlar ya da TV başına koşarlar. Hiç içinde boşluk yaratmıyorsun, boşluk olacağı vakit onu bir şekilde doldurmaya çalışıyorsun, düşünceyle, yemekle... O halde nasıl sağlıklı bir ruha ve bedene ulaşacaksın?

440. İnsanlığın önce düşündüklerini açık yüreklilikle söyleyebilmeleri gerekiyor. Ben insanların bir korkak değil, bir imparator olmasından yanayım; fakat bu sevgi dolu bir imparatorluktur. Senin bildiğin anlamda bir imparator değil, benim hükümdarımın içinde masumiyet ve sevgi var. Bastırdığın duyguları bir kez açığa çıkarma cesaretine ulaştığında, o zaman huzur, sağlık, mutluluk kapıları sonuna kadar insanlara açılmaya başlar.

441. Sen sadece bir aynasın, senin içinde güzellik ve sevgi varsa yaşama baktığında sana o yansır ve senin içinde kötülük ve haset varsa hayata baktığında sadece bu yansır. Sen sadece bir yansıtansın...

442. Her an evrene yayılmaya devam eden olumsuzluk dalgaları var. İnsanların kara düşünceleri durmaksızın gökyüzünü kaplıyor ve diğer masum insanlar farkında olmadan bu olumsuzluk dalgalarıyla örtünüyorlar!.. Ancak sana güzel bir haberim var, bir kişinin yaydığı pozitif enerji binlerce olumsuz enerjiyi dönüştürecektir. Ve sen yaşama güzel baktığında senin titreşimlerinle binlerce insan güzelleşecektir.

443. Senin çiçek açman varlığından doğan bir güzelliktir. Ben yüzeysel bir çiçekten söz etmiyorum, ben yapmacık gülücükler ve maskelerle yaşamaktan bahsetmiyorum. Sen merkezde/özünde çiçek açarsan oraya kötülük asla erişemez. Senin merkezin sevginin kaynağıdır ve onun etrafı katman katmandır, kötülük o derinliğe kadar geldiğinde zaten eriyerek buharlaşacaktır. Fakat senin çiçeklerin dışarıda ve insanlar onu koparabilir, o kadar çok insan var ki, şimdi hangi birine engel olacaksın?

444. O halde toplumun içinde ol fakat özünde kalarak toplumun içine işlemesine izin verme.

445. İçindeki annenin, babanın, öğretmenlerinin, uzmanların, ustaların, erkek ya da kız arkadaşının; tüm seslerinden arındığında ortaya yüreğinin sesi çıkacaktır ve o ses senin öz benliğinin kutsal tınısıdır.

446. Önce içindeki karanlığın farkına var ve sonra içe doğru ilerle, hiç acele etme, yaşam aceleyi benimsemez, o dingince akar. İçeri doğru emin adımlarla ilerle, karanlığını bul ve orada bir ışık yak. Hepsi bu kadar, çok fazla bir şeye gerek yok, zora girmeye gerek yok, onu fark et ve ona doğru ilerle, sonra orada bir ışık yak.

447. İçindeki ışığın düğmesi karanlığının başucunda, ona dokunmanı bekliyor.

448. Varoluştan sadece bir parçaya tutunuyorsun. Bu seni yoracak ve yıpratacaktır. O bütündür, O sadece ışık değildir, O sadece karanlık da değildir; O hem ışık hem de karanlıktır; O hem mutluluk hem de mutsuzluktur. Varoluş bölünmez, onu bölen senin zihnindir. O halde sana huzuru getirecek olan, bütünü parçalara ayırmayı bırakman ve varoluşu olduğu haliyle kucaklamandır.

449. Sen dünyanın içinde değilsin, dünya senin içindedir. Sen bu toprağın içindeki köksün, dünya ise senden filizlenmiş bir çiçektir. Onu sen var edersin, o sinyallerini kökten, senden alır. Sen varsan dünya vardır ve sen yoksan bir dünya da yoktur!

450. Acıyı reddetme, onu karşına al ve onunla konuş, şayet o karşına çıktıysa mutlak sana anlatmak istediği bir şey vardır. Acıyı ne kadar iyi tanırsan onun canını yakma olasılığı o kadar azalacaktır. Ve sen acıyı tamamen tanıdığında, onu kabul ettiğinde acıya dönüşmüş olacaksın.

451. Bu bir nehir olma halidir, nehrin içinde başka bir canlı boğulabilir; fakat nehrin kendisinin boğulma ihtimali yoktur, öyle değil mi? Acı sadece bir vasıtadır, onun içine girmesine izin verme, onu sadece kullan.

452. Sinirlisin, kendini kızdırdın ve hâlâ başkasının seni kızdırdığını düşünüyorsun. Daima anımsa! Bütün huzursuzluklar ve bu sinir bozucu halin, senin beklentilerin/arzuladıkların ile gerçekte karşına çıkan olaylar arasındaki farktan doğarlar.

453. Bir şeyi arzuladığın an huzursuzluk için zemin hazırladın demektir. Patlama senin iznini aldıktan sonra kendi içinde beklemeye başlar ve uygun zamanda ortaya çıkar, dışarıdan sana gelen hiçbir şey yoktur!..

454. Bir şeyi arzuladığın an mutsuzluk için zemin hazırladın demektir.

455. Varlık enerji üreticidir ve zihin bir vakumdur, o düşünceler oluşturarak bütün enerjini çeker ve dışarı atar. Varlığın enerji üretiyor ve senin zihnin hırsıyla, arzularıyla; ruhun olgunlaşması için ürettiğin bu enerjiyi çekip alıyor. Seni savunmasız, güçsüz, hastalıklı bir hale getiriyor.

456. Zihin çok kurnazdır, o senin enerji içinde kalmanı istemez, şayet sen yeteri kadar içedönük olursan, enerjiyle bütünleşirsen egoyu keşfetmiş olacaksın ve zihin bunun planları içindedir, egonun buharlaşması zihnin işine gelmez. O yüzden zihin seni hırslı, arzulu kılar, onun tüm amacı seni dışadönük bir hale getirmektir.

457. Zihni iyi tanımalısın, zihni iyi tanırsan onun ötesine geçebilirsin ve bu senin aydınlanışındır.

458. Yapacaklarına karşı seni tutan tek engel zihnindir.

459. Sen hiç tatlı bir rüzgâr esintisiyle birlikte bulutların üzerinde dansa kalktın mı? Gözlerini kapatıp bu muazzam deneyimi yaşamanı isterim. Bunu birkaç gün tekrarladığında, kısa bir süre sonra neler olacağına şaşıracaksın.

460. Yaşam yolculuğunda mutluluk ve mutsuzluğun kardeş olduğunu görmüyor ve onları birbirlerinden devamlı ayırma çabası içinde bulunuyoruz!

461. Sana çok basitçe bir şey hatırlatayım, dinle!

462. Bütün sorunlar zihnin içinde ortaya çıkar ve varlığını zihnin ötesinde tuttuğunda sorunlar kaybolacaktır. Gözlerini kapat ve kafanı bedeninden ayırarak yanına koy, sonra da onu izle. Sorunlu zihin artık yanında duruyor, sen ise sadece bir şahitsin. Ve şunu daima anımsamanı isterim: Biz bu dünyaya sahip olmaya değil, şahit olmaya geldik.

463. Ve zihnin ötesinde olan her şey "bir"dir, orada farklılıklar artık son bulur.

beş rahmet kapısı

DERVİŞ

DERVİŞ

Bir kulluk makamıdır derviş. Bir rahmet kapısıdır derviş. Âciz olup Allah karşısında fakirliğini kabul etmek, çaresizliğini idrak etmektir. Allah'ı talep etmektir Derviş.

Aslında hepimiz O'nu aramıyor muyuz? Belki farkındayız, belki değiliz ama tüm aradığımız Allah'tır...

Teslimiyet halindedir derviş. O Allah'tan gelen her şeyin bir rahmet olduğunun idrakinde nefes almaktadır. Aldığı nefesin bile Allah'a ait olduğunun farkındadır. Yüksek bir bilinçtedir derviş.

Dervişin sözü azdır, derviş susar melekler konuşur. Dervişlik arınmaktır dünyadan, güzel görünümden, süsten... Yunus Emre'nin dediği gibi:

"Dervişlik olsaydı tâc ile hırka / Biz dahi alırdık otuza kırka"

Bu kitabımız, içinizdeki Derviş'i bulma adına vesile olmak için yazılmıştır.

Kul vesiledir, "Ol" emri Allah'tandır. Yeter ki niyetlerimiz halis olsun...

464. İçinden ağlamak geliyorsa ağla, bu senin içindeki tortuları ve çakıl taşlarını temizleyecektir; ruhun tıkanmış dişlilerinin arasını açarak tekrar akmasını sağlayacaktır. Gözyaşların sanma ki yere düşer kaybolur, o damlalar Allah'a ulaşır ve orada rahmet bulur.

465. İnsanın tüm sorunu, kalbi ile ruhu arasındaki uçurum kadardır.

466. Ağaçlar kış geldiğinde yapraklarını döker; fakat asla umudunu kesmez ve varoluşa gücenmez; çünkü bilir ki, yaz yine gelecek ve yaprakları daha yeni, daha gür çıkacaktır.

467. Ey dünya malını arzulamaktan bıkmak usanmaz nefsim! Küçücük bir tohumu bile gerekli görüp yaratan Rabb'im, beni gereksiz mi yarattı sanıyorsun? Ve O kendi elleriyle yüzümü, burnumu özenerek var etmişken, şimdi sen varlığımın apaçık bir mucize olduğunu idrak etmediğimi sanıyor da, kendimi değersiz hissetmeye mi iteliyorsun?..

468. Kalbi kin ve haset dolu bir insan üzerine gelmeye çalışırsa öfkelenme, sadece şahit kal. Bu Allah'ın imtihan şekillerinden bir tanesidir.

469. Seni nurlandıran dışarıdaki değil, içeride açan güneştir.

470. Kendi kalbine dokunan insan Yaşamın da kalbine dokunmuştur, işte o en kutsal, en ilahi andır. Artık sevgi içinden fışkırmaya başlar, bu sevginin özgürlüğüdür. Onun esirliği sona ermiş, varoluşla olan dansı başlamıştır. Her şey senin kalbine dokunmanla başlar. Bu kadar!

471. Depresyon ve ruhsal hastalıklar sen kendine sarılmayı bıraktığında gelir ve sen kendini kucaklamaya başladığın anda geri gider. O sadece seni sana hatırlatmak için gelen bir vasıta, Rabb'inin rahmetidir.

472. Bir insana mı kızdın? O insan Allah'ın bu dünyadaki emanetidir ve tekrar Rabb'ine dönecektir. Şimdi bu insan Allah'ın emaneti iken O'nun emaneti iyi ya da kötü; yine kızabilir misin?

473. Meyve veren ağaç taşlanır ve bu son derece doğrudur; fakat dikkatini çekmek isterim, meyve veren bir ağaç taşlandığı için meyve vermekten asla vazgeçmez. Tam aksine bu ağacı olgunlaştıracaktır.

474. İnsanı huzura ulaştıracak iki kitap vardır; biri Kuran, diğer ise "kalbinin kitabı"dır.

475. Dünya sevgi üzerine kurulmuştur. Hücrelerinde haset, kin, nefret duyan insan bu ilahi düzenden yoksundur.

476. Kalbinin götürdüğü yere değil, önce kalbinin yoluna gir; o yola girmeden gittiğin yol aslında zihninin götürdüğü yoldur ve bu yolun sonu hüsranla biter.

477. Akıllı ve zeki olmak başarı getirebilir, fakat yürekli değilsen tüm başarın sahte ve anlamsız olacaktır.

478. Yaşadıkların sadece deneyimlerdir ve onlar rüyanın içinde gelip geçerler, sen ise baki kalansın, bu yüzden her şeyi bırak, kendini bul!

479. Her şeyin en güzelini yaratan Allah kötü/çirkin bir insan yaratır mı? Bu yüzden ben hiç kötü insan görmedim, sadece kalbin yuvasından uzaklaşarak zihnin esiri olmuşlar vardır.

480. Hiç ummadığın bir anda rüzgâr eser, dallar kırılır, yapraklar dökülür ve sonra her şey kaldığı yerden devam eder. Varoluşun içinde, insanın haricinde, kin ve nefret duyan hiçbir varlık yoktur. Ve insanlığın tüm sorunu, yaşamayı bilmeyecek kadar cehalet içinde olmasıdır, onlar zihnin kölesi olmuştur.

481. Sorunlar yaşıyorsun çünkü yaşamla uyumlu değilsin! Senin tüm sorunun, Rabb'inin "Ol" diyerek karşına çıkardığı olaylara tepki vermenden, onları reddetmenden kaynaklanmaktadır. Sen farkında olmadan önce Allah'ı sonra da yaşamı kabul etmiyorsun, bunu bir savaşa çevirdin ve hayat senin için kâbus olmaya başladı.

482. Hiçbir şeyi zora sokmaya gerek yoktur, senin ihtiyacın olan tek şey teslimiyettir. Ben sana teslimiyet derken pes etmekten söz etmiyorum, tam ilahi bir dönüşümü anlatıyorum. Teslimiyet özüne açılan en büyük kapıdır, ondan çekinme, onu kullan.

483. Tekrarlamanı isterim: Ben Allah'ın eşsiz nurundan, eşsiz ruhundan bir parça taşıdığımın idraki içindeyim, şimdi dünyaya nasıl hâkim olmayayım? Varlığımda hissettiğim bu kudret dağları eritir, dize getirir. Ben O'ndan bir parçayım; işte bu benim sonsuz enerji kaynağımdır.

484. En zengin insan aldığı soluğun ve yüreğindeki sevginin farkında olandır. Soluk Allah'ın nimeti, sevgi ise rahmetidir.

485. Bir toprak gibi ol ve insanlar seni çiğnese bile sen onlara çiçeklerini sun. Ancak o zaman rahmet, bereket ve sevgiyle taşarsın.

486. İnsanlar bela okuyor, onlar şöyle söylüyor: "Allah belanı versin!" Şimdi merhametin, sevginin kaynağından bela nasıl çıkabilir? O'ndan ancak sevgi yayılır, öyle değil mi? O halde bela iblisin işidir. Sen "Allah belanı versin" dediğinde kaynağı karıştırıyorsun; bu en büyük günahtır, farkına varmanı isterim!

487. İnsanların mutluluğu araması, Kâbe'nin yanında kıblenin yönünü sormaya benzer!

488. Hayatın anlamını dışarıda; yaşamın içinde bulamazsın, o senin içindeki yaşamın içindedir!

489. Yıldızlara baktığında, yeryüzündeki çiçekleri ve toprağa baktığında gökyüzündeki bulutlan görüyorsan perde kalkmış, artık sen bütünü idrak etmişsin demektir.

490. Yaşamın kendisi bir mucizedir ve bu mucize, sen bir şeyler olmaya çalıştığında değil, olduğun seni bulup kabul ettiğinde gelecektir.

491. Birbirinizi daima sevin, zira sevgi varoluşun atardamarıdır ve kim içinde kırgınlık, kin, nefret duyuyorsa kendi oluşuna ait damarlardan birini parçalamış/kullanamıyor demektir.

492. Ne zaman mutsuzluk ya da bir problem karşına çıksa ona "Dur" de, onu önünde beklet; bunu farkındalıkla yap ve problemin içine gir. Onun içinde dolaş, onun içinde dans et, onun içinde şarkılar söyle ve onun içinde kaybol!

493. Problemin içinde eridiğine, yok olduğuna şahit olacaksın.

494. Aşk, sevgi, çiçekler, kelebekler, böcekler... Sana her zaman masum olandan söz ediyorum, niçin hiç düşündün mü? Bugüne kadar hep başarı odaklı yetiştirildin ve başarı bir binanın üst katlarıdır. Ancak o binanın temeline sevgi atılmadıysa senin binan kumların üzerindeki bir inşaat olacaktır, her an yıkılmaya mahkûm bir bina... Ve şunu daima anımsamanı isterim; başarı senin "ol"uşunla birlikte kendiliğinden gelmeye başlar.

495. Ölümden korkan insanlara bir bak, onlar bu hayata doyamadılar; çünkü henüz yaşamaya başlamadılar! Eğer seversen tüm korku kaybolur, eğer derinden aşk duyarsan tüm engeller, tüm zihinsel oyunlar bir anda buharlaşmaya başlar

496. Bir şeyi derinden, onu öz varlığınla seversen tüm dünya sevgiye dönüşür ve küçücük bir şeyden dahi nefret edersen tüm dünya nefretle kaplanır. Ve her ikisi de dünyayı etkileyecek kadar güçlü duygulardır.

497. Biz bu dünyaya kin ve nefret duyarak şeytanı mutlu etmeye değil, tüm bağlardan sıyrılıp özgürce yaşamaya geldik.

498. İnsan olmaya çalışma, sen zaten insansın; sevgili olmaya çalışma, sen zaten sevgisin, olduğun seni bul bu kâfidir. Her şeyi bıraktığında her şey olursun!..

499. Sevilmeyi beklemeden seviniz. Unutma ki, bir bulut beklentisizce yağmur verir toprağa, bir ağaç meyvelerini sunarken yaşar paylaşmanın hazzını ve bir çiçek karşılık beklemeden çıkar tohumundan, dokunur yüreklere.

500. Sana bir sır vereyim. Şişştt... Sessiz ol, biraz yaklaş... Dünya sadece bir geçittir, ona tutunma, onu en iyi şekilde kullan! Bu kadar!

501. Bir çiçek, üzerine konan arının özünden bir parça almasıyla darılıp solmaz, aksine bu çiçeği daha çok olgunlaştırır! O halde isyan eden bir böcek değil, her ne yaşarsan yaşa özünün baki kaldığının farkında olan bir çiçek ol!

502. Kurumuş toprakta açan bir çiçek bulabilirsin. Yaşam dengesizdir, bir gün yağmur yağar ve ardından tekrar güneş gökyüzündeki yerini alır; yaşam asla normal değildir, mantıkla yaklaşarak yaşamın normal olduğunu beklemek beraberinde büyük hayal kırıklığı getirecektir. O asla düz bir çizgi olmadı ve olmayacaktır!

503. Yaşam tamamen boşluktur, dolu olan zihindir. Gördüğün ağaçlar, insanlar ve yaşadığın tüm duygular senin zihninde var olur ve seninle birlikte hepsi yok olmaktadır. Tıpkı televizyonu kapattığında görüntünün gitmesi gibi! Ve diğer yaşayanlar senden sonra da o görüntüleri görebileceklerdir; çünkü onların televizyonları hâlâ açıktır!

504. Yaşamın kalbi sevgidir, ruhu aşktır, mutluluk ve mutsuzluk da onun görünmeyen bedeninden bir parçadır!

505. Bu dünya âleminde sevgini hak etmediğini düşündüğün insanlar olacaktır, fakat sen yine de sevmenin hazzından kendini mahrum bırakma! Sevilmeye layık olmayanın kudreti senin sevginin önüne geçerse dünyada savaş hâkim olur, sen sev ki dünya sevgi bahçesine dönüşsün.

506. Bütün kapılar üzerine kilitleniyorsa bu, zihni bırakıp yüreğindeki anahtarı çıkarma zamanın geldi demektir.

507. Nasıl ki müzik, notaların bütünlüğüyle ortaya çıkıyorsa, yaşam da mutluluk, mutsuzluk, korku gibi tüm duyguların birleşimiyle ortaya çıkan bir ziyafettir, onun bütünlüğünü idrak edemeyen bu lezzetten yoksun kalacaktır.

508. Kim seni seviyorsa aslında o kişinin kendine olan sevgisindendir ve kim sana nefret ile kin duyuyorsa bu da onun kendine olan sevgisizliğindendir. Her ikisi de karşındaki insanın içinde vuku bulur!

509. Affedebilirsen dualarının önü açılır ve niyetlerin Allah'a ulaşır. Affedebilirsen, içindeki tortular, tıpkı yağmurun sokaktaki tozları temizlediği gibi sürüklenerek kaybolurlar ve ruhun eşsiz bir akışa eşlik eder. İşte bu yüzden affetmek, kişinin kendisine verdiği en kutsal hediyedir.

510. Her an yeniden başlar yaşam, her an taze bir hayat vardır; onun içine gir ve nefes al. Bu kadar!

511. Kendini mutlu hissetmek, başkalarına bağımlı olmayı, onlardan sevgi ve ilgi beklemeyi gerektirmez.

512. Evrende yok olan hiçbir şey yoktur, Allah hiçbir şeyin ziyan olmasına izin vermez, yok olduğunu sandığın sadece şekil değiştirmiştir!

513. Sevdiklerini kaybetmek canını yakıyor olabilir, fakat unutma ki, hangi âlemde olursa olsun onlar bulundukları yerde değil, hissettiğin yerde olacaklardır. Ben kaybettiklerimi hep ruhumda bulmuşumdur!

514. İnsan kin ve nefret besleyerek zihnin esiri olan tek canlıdır!

515. Hayallerin ötesi hakikattir, o halde zihnin ötesine geçin ve yaşama oradan bakın; bulunduğunuz yerde hurileri, baktığınız dünyada ise sadece fanileri göreceksiniz!

516. Güvensiz olan, kuşku duyan zihindir, yüreğiyle yaklaşan derinliği görür, derinliğe ulaşan cennetle buluşur.

517. Sen Allah'ın en güzel mimarilerindensin, kendine kızmak yerine bu müthiş güzelliğin, ihtişamın farkına varmanı dilerim, bu farkındalık senin hiç bitmeyen motivasyonun/enerjin olacaktır.

518. Kin ve kırgınlığın ruhun akışını tıkayan duvarlardır, sevgi ve affetmek ise ruhunu tekrar özgür kılar.

519. Çocuklar henüz bir sevgi tohumudur ve onlar filizlenerek yeni neslin cennetini oluşturan sevgi çiçekleri olacaklardır.

520. Şayet bir hayvana dokunduğunda yıldızları hissetmiyorsan ve bir yıldıza baktığında çiçekleri göremiyorsan sen dünya denen bu âlemde paramparça yaşıyorsun demektir!

521. Sen bu dünyada bir nota olduğunu idrak ettiğin an varoluşun eşsiz müziğini işitebileceksin. İşte o büyülü tını rahmetin habercisidir.

522. Yalnızca sevgi yolunda ilerle, mutsuzluğa uğramayacağın tek yol sevgi yoludur.

523. Bu yol Allah'a uzanan meleklerin kullandığı kutsal bir yoldur.

524. Geçmişin acıları bugünün karanlığını oluşturan bir gölgedir, onları bırakmadığın sürece güneş ruhunu aydınlatamaz.

525. Sadece yaşamın gerçekliğine uyum sağla, ruhun ağlamaya ihtiyacı varsa ağla, gülmeye ihtiyacı varsa gül, her deneyimi yaşa, kontrol etme. Şayet kontrol edersen bütün enerjini dışarıya akıtmış olacaksın. Sessiz ol ve yaşamın akışını izle; o akışta gelen her şey bir mucizedir.

526. Sen her şeysin, ancak hiçbir şey sana ait değildir! Sakın hemen anladım deme! Bu sözü izle, bu söze sadece tanıklık et!..

527. Kendini her zaman sev, kendine her zaman derinden saygı duy ve kendini bağışla. Başkasını sevmenin ilk adımı, önce kendi kalbinin kitabını okumaktan geçer. O halde insanların ne dediklerine, ne düşündüklerine aldırmanın pek bir anlamı yoktur. Ve unutma ki insanoğlunun en büyük keşfi kendi varlığını keşfetmesi olacaktır.

528. Şayet birazcık farkına varırsan yaşamın her solukta yeniden başladığına şahit olacaksın ve bu farkındalık senin gerçek doğumundur.

529. Varoluş her an taze ve yenilenmiş olarak seni kucaklıyor, onun berraklığına şahit ol ve daima o duruluğun içinde nefes al.

530. Tekrarlamanı isterim: Ben insanların seslerinden anlamam ki! Onların yüreklerinin sesini duyabilirim ancak ve ben rüzgâr estiğinde onun şiirini işitirim, gökyüzünün şarkısını ve varoluşun eşsiz müziğini... Benim dilim sessizliktir sadece.

531. Cennet yüreğin içindedir, cehennem zihnin için-dedir. Zihin odaklı yaşayan insanlar bu dünyada cehen-nem azabı çekerken, yaşama yüreğinin penceresinden bakan ender insanlar cennetin hazzını tüm hücrelerinde hissederler.

532. İnsanlar soğuktan değil, yüreklerindeki sevgiyi fark edemedikleri için üşürler.

533. Dışarıda mucize arama, mucize sensin!

534. Baktığın her yerde Allah'ın mucizesi vardır, onu görebilmek için mucizeyi görmek adına bakman kâfidir!

535. Zihin nerede bataklık varsa ona odaklanır, yüreğin ise hep güzel olanı görür, o, bataklığın içinde bir gül bile görebilir...

536. Tekrarlamanı isterim:

Aldığım soluğun farkındayım, baktığımdan daha öteye bakıyor ve böylece bataklığın içinde açan çiçekleri görebiliyorum. Karşıma çamur da çıksa ben arkasındaki mucizeme odaklanıyor ve onu sevgiyle kucaklıyorum.

537. "Önemli olan hayatın bize sundukları değil, bizim ona kattığımız anlamlardır."

538. Gökyüzünü güzelleştirmesi için güneş, ay, bulut ve yıldızlar, yeryüzünü güzelleştirmesi için de insanlar yaratılmışken kendini âciz ve değersiz göremezsin. Unutma ki buraya eziyet çekmek için değil, güzellikleri yaşamak ve yaşatmak için gönderildin. Özünü fark ettiğinde bu yaşamı kendi cennetine döndürmüş olacaksın.

539. Yaşamı izlemek, ona bir anlam katmadan sadece olanlara şahit olmaktır ve sen yaşamı izlediğinde eşsiz bir koku tüm hücrelerini sarar. Bu sevginin kokusudur. Ve hayatın kalbinden yükselen o kokuyu duyumsadığında sen artık özüne ulaştın demektir.

540. Başka yüreklere gitmeden önce kendi yüreğine gitmelisin!

541. Dışa dönük olduğunda paramparça oluyorsun! Dışarıda seni bölen binlerce etken var. İçe döndüğünde; evinin yolunda olduğunda, tekrar bütünleşeceksin. Çünkü içeride seni tamamlayan, seni en soğuk havada bile sıcacık tutan sevginin yuva kurduğu bir ruhun var.

542. Sevgiyle birlikte kızgınlığın ve sinirin de zaman zaman olacaktır, bu güzel bir şey, bunun için üzülme; bak sevgin canlı, o ölü değil! Üzüntü varsa mutluluk da vardır, onlar üvey kardeş gibidir; aynı babadan ama kardeştir. Birbirlerini hep takip ederler. Şayet yaşamın akışını izlersen onun bütün duygularla birleşerek aktığını göreceksin.

543. Hayatın sana sundukları karşısında güvensizliğe düştüğüne dair savunman olabilir; çünkü insanların yaptığı budur, insanlar bir mazeret fabrikasına dönüşmeye başladılar ve kendi içlerinde olup biteni göremeyecek kadar kör duruma geldiler. Güneş her gün yeniden doğuyor, o asla karanlığın kendi yerini aldığına dair gücenme içinde değil ve yıldızlar da öyle. Yaşam her gün yeniden doğuyor. Varoluşun içinde kırılma yoktur, varoluş bütündür ve her zaman biri diğerini çeker. Güneş ayı çeker, ay güneşi ve biri ekranın ön tarafına düştüğünde diğeri arkasında kalır. Benim bütünlük dediğim budur.

544. Şayet görebiliyorsan her şey bir mucizedir!

545. Mutsuzluğunu sevgiyle kucakla;o senin içindeki sevgiyle bütünleştiğinde sevgiye dönüşecektir!

546. Kendini olduğun gibi kabul etmediğin sürece özgürleşemezsin. Aklın hep olmak istediklerinde kalacaktır ve olduğun seni bulamadıktan sonra yaşamı kaçırmaya başlarsın. Hayat oradadır, fakat sen yoksun! Erik ağacı şeftali vermek için uğraşmaz, onun özü güzeldir, o eriğiyle bütünleşmiştir, onun dallarında şeftali oluşsa ekşi kalır, tadını alamazsın. Sen de olduğun gibi güzelsin.

547. Dünya senin gördüğün kadar renksiz değildir, o tek bir renkten oluşmadığı gibi renkleri de sürekli değişkendir. Aynı renkte kalmaz. Sen renksiz olduğun için yaşam da renksiz; sen onu renksiz görüyorsan o nasıl renkli olabilir?

548. O halde sorun sendedir; senin bakış açın kirli ya da çamurludur!

549. Hayatın renkli yüzünü görmek istiyorsan ağlamaktan utanma; çünkü gökkuşağı, yağmur damlacıklarının ardından yeryüzüne yansır.

550. Beden sınırlıdır, varlık ise boyutsuzluktur, sonsuzluktur. O sınırsızdır. Ve bedene sığınırsan engellerin yaratılmasına izin vermiş olursun. O zaman tüm sorunlarla karşı karşıya kalacaksın. Salt varlığını hissederek yaşarsan bir anda her yerde olabilirsin. Hem kuzey hem de güney... Aynı anda iki yerde ya da birçok yerde! Varlık seni bütün sınırlardan arındırır. O Aşktır. O sevgidir. O senin özün ve özgürlüğündür.

551. Gerçek özgürlük, bütün etiketleri, olmalıları, sahiplenmeleri ve egoyu sevgiyle bırakmaktır. Özgürlük hiçliktir, boşluktur ve yaşama teslimiyettir ve bu yol kendin olmaya uzanan bir köprüdür. Bu teslimiyetin ilahi bir huzuru vardır.

552. Varsın dışarıda fırtınalar kopsun, senin yüreğinde mevsim yaz ise, ne çiçeklerin solar yaprakları dökülür ne de güneşin kaybolur sevgi bahçenden.

553. Bu beden "Benimdir" deme, onu bir gün bırakacağın düşüncesiyle yaşamı kendine zindan edersin! De ki: Ölüm bir son değil, o, bedeni bırakıp sonsuz bir yaşama varlığı açmaktır!

554. İnsan insanın aynasıdır, sevgiyle bakan sevgiyi, korkuyla bakan korkuyu görür. Gül bahçesinde açarsan gül saçarsın, otlar arasında açarsan ot saçarsın!

555. Bugüne kadar uzak yakın demeden herkese gittin; ama kendine gitmeyi unuttun! Kendinden uzaklaştıkça mutsuz oldun. Dışarıda seni oyalayacak güzel şeyler bulabilirsin, fakat bu oyalanmaktan öte bir şey değildir! Macera sevebilirsin, bunun için dışarıda olabilirsin, ancak sonunda kendini kucaklamayı unutma! En yakın ve en anlamlı yol insanın kendine olandır!

556. Ancak bir bebek özgürdür; çünkü o kişi olduğunu bilmez, o hiçbir mertebeye aitlik hissetmez. O, "Ben doktorum, ben avukatım, ben patronum, ben şuyum, ben buyum" diyerek kendini zincirlemez. O hiçliktir. Bu yüzden sana üzerindeki tüm etiketleri bıraktığında özgür kalabilirsin diyorum.

557. Seni izliyorum, yaşam yolculuğunda ya geride kalıyorsun ya da ileride oluyorsun; gerçek yaşam ikisinin tam ortasında ama sen orada yoksun; sana kötü bir haberim var, sen hiç yaşamıyorsun! Yaşam ortada ama sen geridesin, yaşam ortada fakat sen ileridesin. Yaşam orada ve sen yoksun; sen yaşamıyorsun! Bunu kabullenmek zorunda değilsin, fakat sen "an"ın içinde olmadığın sürece yaşamın içinde de yoksun!

558. Senin dünyaya baktığın pencere kirli ise benim renkli çiçeklerimi çamur görürsün!

559. Vermekten korkma, vermek güzeldir, verici olmanın hazzıyla ruhun hafifler, kanatlanır, meleğe dönersin. Vermek bereketi ve bolluğu getirir, karşılık beklemeden verdiğinde verdiklerin çoğalarak sana akmaya başlar. Vermek insanın özüne yaklaşmasını sağlayan bir köprüdür, verdiğinde sevgiyle bütünleşirsin, verdiğinde aşka dönüşürsün. Evren sürekli şarkılar söylemektedir ve sen verici olduğunda şarkılar duyulmaya başlar, "gönül kulağı" artık açılmıştır. Tüm bunlar sadece sen beklentisizce vermeye başladığında gerçekleşmeye başlar.

560. Arzular, özgürlük kapısının üzerindeki bir kilit gibidir, arzularını bıraktığında özgürlük kapısı ardına kadar açılır.

561. Kötü insan yoktur, istenmeyen davranış vardır ve her varlık bir masumiyet bir sevgi taşıyarak bu dünyaya gelmiştir. Hepinizin özünde tazelik, huzur, sevgi ve sağlık mevcuttur; bu güzellikleri hissederek kucaklamak mucizeleri de peşinden getirecektir. O zaman baktığın her yerde Allah'ın eşsiz bir mucizesi olduğuna şahit olabilirsin.

562. Ellerini kaldır ve gökyüzüne doğru uzat, yıldızlara dokunamasan bile onları hissetmiş olacaksın!

563. *Yas Ustası sevdiği bir arkadaşını bekliyordu, belirledikleri saat gelmişti; fakat arkadaşı henüz ortalıkta yoktu. Dakikalar geçti, saatler geçti ve artık hava kararmak üzereyken arkadaşı uzaktan belirdi... Arkadaşı Usta'nın yanındaydı ve Usta'ya sordu: Bana çok kızdın mı?*

564. *Usta ona tüm yüreğiyle sarıldı, uzunca bir süre bırakmadı, onu kokladı tüm varlığıyla ve sonra gülümseyerek cevap verdi:*

"Seni beklemek güzellikti, ne kızması, tam aksine huzur dolu bir vakit geçirdim. Seni bir çiçek tohumu olarak ekmiştim şu toprağa ve geçen sürede heyecanla açmanı bekledim ve sen geldin çiçek açtı... Ve onu tekrar kucaklayarak kokladı!.."

565. Yaşam üzerine fazla geldiği zaman onu zorlama, biraz duraksa, neler olup bittiğine anlam verme. Mutlaka yanlış bir şey oldu ve düşüncelerin ile dileklerin aynı orantıda değildi, varlığınla buluşamadı. Sorun yok, sadece bekle. Güneş doğacaktır, çimler yeşerecektir, çiçekler açacaktır, rüzgâr esecektir ve yağmur yağacaktır; zorlamaya gerek yoktur, olması gereken kendiliğinden olur!..

566. İzlemene devam et, şahitlik güzeldir, hem olayın dışındasındır hem de içinde, o bir dengedir, o anlamlıdır ve şahit ol, olanla bütünleş, güzellik olanların içinden filizlenecektir. Unutma! Biz bu dünyaya sahip olmaya değil, şahit olmaya geldik.

567. Ne zaman mutsuzluk ya da bir problem karşına çıksa ona "Dur" de, önünde beklet; bunu farkındalıkla yap ve problemin içine gir. Onun içinde dolaş, onun içinde dans et, onun içinde şarkılar söyle ve onun içinde kaybol!

568. Problemin içinde eridiğine, yok olduğuna şahit olacaksın.

569. Aslında ben yaşama dik durmuş bir çiçeğim, fakat sen eğri baktığın için beni de eğri görüyorsun!

570. Üzgünüm; üzülme, geçecektir! Mutluyum; keyfini çıkar, geçecektir!.. (İyi ya da kötü, olumlu veya olumsuz durum/duygu nasıl olursa olsun, geçecektir, bu yaşamın gerçeğidir ve yaşam böyle işler...)

571. Sen Rabb'ine koşulsuz ve beklentisizce yüreğinin kapılarını sevgiyle açtığında, O da sana bütün rahmet kapılarını açacaktır!

572. Dört mevsimin içinde kış olmasaydı ne olurdu? Ya da sonbahar? Onlar bütün olarak anlamlıdır ve onlar bütün oldukları için yaşam vardır. Ve tıpkı dört mevsim bir bütünü tamamladığı gibi, olumlu ya da olumsuz tüm duygular da yaşamı bütün kılar.

573. Dünya cennet de olabilir, cehennem de; nasıl görmek isteğin senin seçimine bağlıdır.

574. Sen sadece dünyaya gelirken taşıdığın masumiyetini koru, bütün engeller önünde çiçek bahçelerine dönüşecektir!..

575. Allah'ın yarattığı toprak verimlidir, o verimsiz bir şey yaratmaz ve sen bir topraktan gelmektesin. Üzerine sevgi tohumları serpmeye başlayabilirsen verimli toprağında sevgi çiçeği açman kaçınılmazdır. Allah'a güven ve yüreğini evrenin sonsuzluğuna açarak O'nu kucakla, o zaman hayatın anlamının varlığının ta kendisi olduğunu fark edeceksin!

576. Yaşamak için yarını düşünüyor ve yarına ait planlar içindeysen sen zaten hiç yaşamıyorsun demektir! Sen şimdiyi daima kaçırmaktasın, bedenin burada fakat ruhun yarınlarda, sen bölünmüşsün, sen gerçek anlamda yoksun!

577. Sen çok büyük bir bencillik içindesin; çünkü bugünü yok sayarak, yarının ırzına geçmeye çalışıyorsun. Ve senin tüm yarına kalma çabaların kendini garanti altına alma fikrinden gelmektedir. Yarına kalırsan huzurlu olacaksın, bugünün ne önemi var, bugün artık geldi, o elinde, o avucunun içinde, onu sağlam kazığa bağladın, şimdi zihnin "Başka yok mu?" diye arayışa geçti.

578. Buna dikkat et, sadece izle, anlam katmadan olanları izlediğinde cevaplar kendiliğinden sana gelecektir!

579. Sevmek güzeldir, fakat sevginin kendisi olmak çok daha anlamlıdır. O zaman baktığın her yerde sevgiyi görürsün. Bu yüzden benim tek dileğim insanlığın sevgi açmasıdır.

580. Karanlıktaysan ışığa odaklan, karanlıktan söz etme, ona tutunma, ona enerji verme ve onu besleme; yoksa karanlık içinden çıkamayacağın bir büyüklüğe ulaşacaktır.

581. Varlığın çiçek açtığı için güneş vardır ve yağmurlar yağar; şayet sen çiçek açmasaydın onlar ne diye sana ışık tutup su vermeye kalkışırlardı ki?

582. Nefes aldığın sürece nefes aldıranı hisset, bu seni mucizelerle karşılaştıracaktır! Mutluluk, kendi dünyamızın içindedir, o dışarıda değildir. İnsanları biraz izle, onlar her an sevgiyi aramakta, niçin? Çünkü onlar kendinde olmayan bir şeye ihtiyaç duyuyorlar, şayet onlar varlığından haberdar olsalardı; sevginin de kendi kaynaklarında olduğunu idrak edeceklerdi.

583. Ve ben sana duyguya bağlı bir mutluluğun peşinde olma diyorum, özündeki mutluluğa erişerek huzurun kendisi ol! O zaman baktığın her yerde ilahi bir huzur yaşamaya başlarsın.

584. Tekrarlamanı isterim:

Bütün doğrularımı bıraktım, bütün yanlışlarımı bıraktım, bütün güzellikleri bıraktım, bütün çirkinlikleri bıraktım. Bütün bölünmeleri bıraktım; çünkü düaliteyi oluşturanın zihnin kendisi olduğunu fark ettim.

585. Ve bütün kırgınlığımı, kaygılarımı, korkularımı, güvensizliğimi, sevgisizliğimi, hayal kırıklıklarımı bıraktım.

586. Şimdi içimdeki enerji nehri takılmadan süzülerek akıyor ve ben bunu tüm hücrelerimle yaşıyorum.

587. Hep bir yarın vardır da; biz hep böyle yarına kalacak mıyız?!.

588. Dışarıda olan savaş senin içsel çarpışmaların sonucunda meydana geliyor. Onlar dışarıda gibi gözüküyor; fakat kökü içeride. Önce köküne inmelisin, savaşın başladığı içsel çarpışmalarını izlemelisin ve kendini doğru yola sokmalısın, sen hakikatin yolunu bulduğunda dünya da kendiliğinden doğru yolu bulacaktır!

589. Negatif ile pozitif bir enerjidir ve onlar birlikte bütünü oluştururlar. Onlar senin gördüğün gibi ayrı değillerdir, biri yüzeyde, diğeri ise daha derindedir ve sen yaşama yüzeysel baktığın için negatif olanı görmektesin! Pozitif enerji sevgiyle beslenir, o yüzden ağırlığı vardır ve onun derinlerde olma sebebi tamamen bundan kaynaklıdır.

590. Sevgi derindedir, o pozitif kısmın içinde beslenir. Negatif enerji ise boş bir haldedir, o yüzden hafiftir ve yüzeydedir; onu sen düşüncelerinle besler ve büyütürsün! Şayet onların nasıl beslendiğini ve akış şeklini izleyebilirsen yaşamın tamamen değişime uğrayacaktır. O zaman eve varmış olursun; çünkü bu sevgiyle bütünleşmeni sağlayan ilahi bir yolculuktur!

591. Şimdi içinde tutsak ettiğin tüm olumsuzlukları, düşünceleri bırak gitsin. Onlar sana ait değiller. Onların hepsi evrene ait ve ait oldukları sonsuzluğa kavuşmak için sabırsızlıkla senin iznini bekliyorlar. Bugüne kadar onları beslediğin için peşinden ayrılmadılar, beslediğin her ne ise senin peşinden ayrılmayacaktır, bunu izle! Onlar senin tutsağın, sen onların tutsağı değilsin. Ve şimdi tutsaklarına sevgiyle yolu göster gitsinler.

592. Yaşam bir savaş alanı değildir. Elindeki ok ve yayı bırak; tıpkı yeni âşık olmuş bir insan gibi düşüncelerinin, korkularının, kaygılarının içine, onların ta derinliğine aşkla bak ve göreceksin onlar aşka dönüşecektir!

593. Sen nasıl bakarsan, karşındaki baktığın şeye dönüşür. Sen bir savaşçı olursan karşındaki de savaşçı olacaktır. Sen sevgi olduğunda her şey sevgiye dönüşecektir.

594. Ne zaman mutluluğu arzularsan ona ulaştığında çabuk kaybedeceksin; çünkü onu, varlığının derinliğine inen bir yolda değil, nefsin ulaşmak istediği yüzeyde arıyorsun!

595. Ve sana bir daha söylüyorum, bunu anbean tekrar etmekten hiç usanmayacağım: Mutluluk, tüm çabalarını, tüm koşturmalarını, tüm zihinsel düşüncelerini bıraktığın anda yağmurdan sonra gökyüzünde köprü kuran gökkuşağı gibi birden karşına çıkacaktır.

596. Önemli olan senin içinde bir parlamanın oluşması, aydınlık içinde gerçekleşirse bunu varlığın hissedecektir, ancak aydınlık için dışarıdan birisinin sana fener tutmasını istersen gerçekleşecek tüm bu güzelliklerin anlamı kalmayacak, olanları hissedemeyeceksin. O çok yapay olacaktır ve sen bundan asla haz alamazsın. Bu yüzden ilk adım içindeki ışığı keşfetmendir.

597. İnsanları izle, çoğu "Biz büyüdük ve kirlendi dünya" diyerek varoluşu suçlamakta. Bir çocuk için ise bu dünya için muhteşem bir potansiyel, coşku ve enerji alanıdır. Kirlenen senin bakış açından başka bir şey değildir, kirlenen senin zihnindir!

598. Ve senin bakışların bu kadar kirli ise dünyadaki sevgi bahçelerini nasıl görebilirsin?

599. Hayat sana şöyle sesleniyor: Aslında sana güzellikler saçan bir çiçeğim, fakat sen kirli baktığın için beni de kirlenmiş görüyorsun!

600. Yüreğinde hissettiğin sana her zaman en yakın olandır ve Allah'ı kendi yüreğinde hissedebiliyorsan, O'nun ruhundan bir parçayı kendi ruhunda taşıdığını duyumsayabiliyorsan zaten cennettesin demektir!

601. Sen çocukken yaşamı seviyordun ve o da sana sımsıkı sarılmıştı, sonra sen büyüdün ve yaşamın içinde kusurlar bulmaya başladın, onu kucaklamayı bıraktın; şimdi sen yaşamın elinden tutmadığın için o da senin ellerinden tutamıyor!

602. Sevgi yolunda olan bir insanın parfüm kullanmasına gerek yoktur, o zaten cennet kokuyordur.

603. Sen henüz doğmadın, sen yaşamın karnındasın, onun içindesin, sen gebe olan bir yaşamın karnındaki çocuksun, hâlâ masumsun, bunu idrak ettiğinde kendi derinliğine, özüne doğru yaklaşmaya başlayacaksın.

604. Dinginlikten huzur doğar, kalabalıktan ise yorgunluk. Bu yüzden bazen insanlardan uzaklaşarak kendini kaybetmen, tek başınalığının tadını çıkarman sana muazzam bir derinlik getirecektir.

605. Sev, sev, sev, sev... Bu yol sevgi yoludur. Sevdikçe acılar gelecek ve sen acıları sevmeyi öğrendikten sonra acılar sevgiye dönüşecek. Sev, sev, sev, sev. Yaşam sana her ne verirse, her ne sunarsa sev; unutma ki sevginin kaynağı Allah sevemeyeceğin bir şeyi senin karşına çıkarmaz. Sen bir kere acıyı sevdiğinde, sen bir kere düşmanını sevdiğinde tevekkül içinde yaşamaya başlarsın.

606. Sevgi tüm güzelliklere açılan kapının anahtarıdır. O zihinsel değil, yüreksel bir dokunuştur.

607. Eğer nedenleri düşünecek olursan geçmişine takılı kalır, bugününü yaşayamaz ve aldığın soluğu hissedemez hâlâ gelirsin. Bırak nedenlerle varoluş ilgilensin, sen her şeye cevap bulmak zorunda değilsin. Evrenin bilgeliğine güven, kendini akışa teslim et, o akışta tüm cevaplar sana ulaşacaktır.

608. Sen görebildiğin insanları sevemiyorsun, göremediğin Allah'ı nasıl seveceksin?

609. Beyaz eşyan bozulduğunda ne yapıyorsun? Onu servise teslim ediyorsun, öyle değil mi? Ya da fiziksel olarak hastalandığında kendini doktora teslim ediyorsun. Ancak çok önemli bir şeyi ıskalıyorsun; sen dibe vurduğunda, ruhsal sıkıntı içinde kaldığında kendini Allah'a teslim etmiyorsun! En zor anında Allah'a teslim ol, O'nun sana sunduğu yaşama teslim ol ve yaşamın kendisine dönüş. O zaman hakikatin eşsiz kokusuyla mutlak huzuru kucaklayacaksın.

610. Sabah kalkıyorsun ve zihnin şöyle sesleniyor: "Hadi kalk, giyin ve işlerine koyul!" Arkasından yüreğin, "Bunu yapma. Bak orada bir güneş var, yeniden doğdu bizim için, yeni bir tazelik, yeni bir ısı, yeni bir ışık; işte orada. Bak şarkı söylüyor güneş, bulutlar onun eşliğinde dans ediyorlar. Rüzgâr bu senfoniye eşlik ediyor. Hayat rengârenk, önce yeni yaşamı kucakla!" diye sana mırıldanıyor. Eğer onun eşini bir kez duyabilirsen karanlık yaşamın artık renklenmeye başlayacaktır.

611. Yaşamın derinselliğine bak! O hep yeniliktir, hiçbir şey göründüğü gibi değildir ve hiçbir şey yüzeyde göründüğü gibi aynı noktada dans etmez. Ve şimdi kendi derinselliğini izle, içindeki harika değişimi, muhteşem enerjini ve hücrelerin sevgiyle dansına şahit ol.

612. Şayet kendine ve yaşama yüzeysel bakarsan bunların hiçbirini göremezsin, onları görmek yürekle bakmayı gerektirir ve o güzellik sende fazlasıyla var!..

613. Ben senin önce içsel olarak zenginliğe ulaşmandan yanayım. Sen bir ev inşa ediyorsun, fakat temeli yok, sen birinci katı yapmaya koyulmuşsun. Şimdi senin evin nasıl ayakta durabilir? O yıkılmaya mahkûmdur. Onun temeli yok ve ben sana temel veriyorum. Al ve onu kullan, sen sonra üzerine katları çıkarsın. Emek katarsın, başarı katarsın, kariyer katarsın; ama önce temeli oturtman/ ruhunu olgulaştırman gerekir.

614. Ben senin dengesiz değil, denge içinde bütünlüğü kucaklamandan yanayım, yoksa eriştiğin her şey bir anda yok olacaktır!

615. Yaşama derinsel bakamadıktan sonra onun içinde gördüğün güzellikler yapay bir çiçekten farksızdır. Onlar sana güzel kokmayacaktır, güzel gözükebilir ancak bu yüzeysel bir güzelliktir, ancak sen kendi derinliğinden baktığında yaşamın derinliğini görebilirsin.

616. Mutlak mutlu olmanın bir formülü yoktur, mutlak mutluluk zaten varlığının derinliğindedir, o sensin. Üzerinde sadece kara bulutlar var, siyah düşünceler... Bu yüzden mutluluğu hissedemiyor olabilirsin. O halde kara bulutların geçmesini beklemek yeterli olacaktır. Hiçbir insan gücü bulanık bir nehri berrak yapamaz, Varoluşun uygunluğunda o kendiliğinden berraklaşır. Yaşamla ilgili bir formül isteyerek bütün gizemi sorgulamış oluyorsun. Allah gerekli şeyleri düşünmüş olmalı ve şimdi buradasın. Formül diye bir şey olamaz, bunu unut, böyle bir şeyi sakın sorma, bu en büyük günahtır!

617. Deniz bazen dalgalıdır ve bazen durgun, okyanus dinginliğine insan kuvvetiyle değil, varoluşun uygun gördüğü zamanlamayla kavuşur.

618. Hayat bir savaş alanı değildir, o bir yarış alanı da değildir, tüm koşturmaları ve arzuları bıraktığında yaşamı hissetmeye başlarsın. İşte bu tam anlamıyla gerçek bir doğuştur, yaşamın gebe karnından sevginin doğasına geçişin kutlamasıdır.

619. Allah kusursuzdur ve O yarattığı her şeyi kusursuz-ca, özenerek yaratmıştır. O seni yaratırken ruhuna kendi ruhundan üflemiştir. Sen, O'nun tarafından bu kadar özen-le yaratılmışken kendine inanmamak ve kendini değersiz görmekle en büyük günahı işliyorsun! Evrende başka sen yok!

620. Unutma, senin en büyük zenginliğin aldığın soluğu hissetmendir!

621. Güzel dileklerin kendinle birlikte varoluşun/bü-tünün adına olduğunda taleplerin geri çevrilmez; çünkü sen Allah huzurunda, O'nun en değer verdiği "birlik" için yüreğini ortaya koyan bir meleğe dönüşmüş olur-sun.

622. Sevgiyi arzulayan bir egoya dönüşme, sevginin için-de açan bir çiçek ol.

623. Konuşmayı azalttığında muhteşem bir boşluğun içinde yükseldiğine şahit olursun. Bütün düşünceler, bütün konuşmalar bir anda yerini huzura bırakmıştır ve varlığında açan çiçeklere şahit olmaya başlarsın. Dengede kalan bir sessizlik anı oluşturduğun yer senin cennetindir. Orada sevginin kokusu bütün ruhunu sarar, içinde cıvıldayan kuşların sesini duymaya başlarsın.

624. Tezahür eden her şey senin içinde canlanmaktadır. Huzurlu olmak ise çok basittir, tek yapman gereken yaşamın içinde vuku bulanı kabul etmek ve onunla bütünleşmektir. Gerçekleşen her ne ise onu kabul ettiğin anda huzur kapıları ardına kadar açılmaya başlar.

625. Aldığı nefesin farkında olan bir insan dışarıda mucizeler aramaz, o zaten mucizenin kendisidir.

beş rahmet kapısı

ERMİŞ

ERMİŞ

Ermiş arzudan, nefisten arınma makamıdır. Allah'tan başka kimseden bir şey beklemez. O tam tevekkül, Rabb'ine bağlılık halindedir.

Sevdiğim iki ayrı hikâye ile ifade etmek isterim...

Şeyh İbrahim Zahid Hazretleri, dünya misafirhanesindeki son anlarını yaşamaktadır. Onun son ana geldiğini sezen dostları etrafına toplanmış, bu ebedi yolculuk anında onun yanında bulunmaktadırlar. Yakınlarından biri der ki:

"Efendi Hazretleri, çok zamandır ağzınıza bir şey koymadınız. Yanımızda yiyecekler var, bir iki lokma bir şey yeseniz." Şeyh İbrahim Zahid hazretlerinden beklenmeyen bir cevap gelir:

"Olur, ancak şimdi siz bir et parçası bulsanız, onu suda pişirseniz sonrada onun yahnisini yapsanız onu yiyebilirim." Müritleri efendi hazretlerinin isteğini derhal yerine getirirler. Sofra kurulur, orada bulunanların hepsi de sofraya oturur, efendi hazretleri de zar zor sofraya gelir. O da ne, Efendi Hazretleri talep etmesine rağmen bir lokma et koymuyor ağzına!

"Efendi Hazretleri, siz istediniz ama bir lokma dahi ağzınıza koymadınız; bir tek et parçası yeseniz." Şeyh İbrahim Zahid Hazretleri:

"Müritlerimin yemek yemeleri beni mutlu ediyor, onlar karınlarını doyursun, benim bir arzum yoktur." diye cevap verir.

Ve dünyadan elini çekmiş diğer Ermiş...

İbrahim Bin Edhem Hazretleri, dünya sultanlığını öyle bir bıraktı ki geçmişe dönük servetinden tek bir dirhem bile yanına almadı. Üzerindeki elbiselerin haricinde hiçbir şeyi yoktu. Bu şartlarda zaruri ihtiyaçlarını karşılamak için de çiftçilik, odunculuk, rençperlik, bekçilik hamallık gibi önüne ne iş gelse yapıyordu...

Günün birinde bir Hıristiyan'ın meyve bahçelerinde bekçilik yapmaya başladı. Meyvelerin olgunlaşma zamanında, hırsızlardan korumak için bağlara bekçilik yapıyordu. Bekçiliğe başlayalı birkaç gün olmuştu ki İbrahim Bin Edhem'deki acayip halleri bağ sahibinin hanımı müşahede etti. Kadın bir gün kocasına şöyle der:

"Şu adam var ya, ona iyi muamele edelim, ismi her yerde konuşulan ermiş kişi olsa gerek." Hanımının bu tespitine şaşırır kocası:

"Onun ermiş kişi olduğunu nasıl anladın?"

"Her sabah yemeğini götürdüğümde, akşamki yemeğe hiç dokunulmamış olduğunu görüyordum. Yemek yemeden ancak o ermiş kişi durabilir." İbrahim Bin Edhem Hazretleri buyurdu ki:

"Her kim insanlara mal-mülk ile yiyecek-içeceklerle yardım edemiyorsa, güler yüzü, iyi ahlakı ve tatlı dili ile yardım etsin. Mal-mülk çokluğu ile övünmeyin, fakir ve muhtaçların başına kalkmayın, zayıf ve güçsüzleri incitmeyin."

Ermiş, rızkın Allah'tan geldiğini bilir, onlar ilahi bir rahmet ile Allah'ın Mukit sıfatı ile beslenirler. Sen de beslenirsin, yeter ki inancını kaybetme. Çünkü Allah kulunun zannı üzerinedir. Şayet Rabb'im benim nimetimi kursağıma koyar, diye tevekkül içinde olursan, olacaklara akıl erdiremezsin. Zaten bu akıl değil, kalp yoludur.

O halde yolumuz açık olsun inşAllah...

626. Sana öğretilenler bir gölgedir, güneşle birlikte sönüp gider. Sadece hakikati ara, diğer her şeyi bırak. Her şeye tutunduğun için hakikati bulamıyorsun!

627. Sana tüm gerçeği söylemeliyim. Bu çok ağır, kabullenilemez olabilir, fakat artık bunun farkında olmalısın. Eğil biraz! Sevecek kimse yok, sevilecek kimse yok. Üzülecek ya da mutlu olacak hiçbir şey yok, sadece Allah var, gerisi bir rüya, sadece bir düş!..

628. Niçin bu kadar mutsuzluk, bu kadar huzursuz insanlar topluluğu var hiç düşündün mü? Çünkü sen sadece mutluluğu istiyorsun, geri kalanını reddediyorsun. Fakat bu dünya zıtlık dünyasıdır, her neyi reddediyorsan ona büyük bir enerji vermiş olacaksın. Bunu fark ettiğin an senin içinde büyük bir değişim başlar, fakat bu bir kişisel gelişim değil tam aksine bu senin öze dönüşümündür! Yine dünya denen tatlı zehir karşındadır, fakat sen sadece içindeki güllerin kokusunu duyumsarsın, dışarıda olan sana işlemez.

629. İnsan gelip geçen duygularıyla mutlu olamaz. Bu, güneşin yazın gökyüzündeki yerini alması, kışın ise kaybolması gibidir. İnsan varlığından yükselen ilahi nurla mutluluğun kendisi olmalıdır, bu duyguların ötesinde, nihai olan mutluluktur.

630. Sadece tek bir rüya, sadece geceleri görmüş olduğun rüyanın var olduğunu düşünüyorsun, oysa bu dünya âlemi de bir rüyadır. Kim bunu fark eder ki, o zaman uyanır, aydınlanır ve kim aydınlandıktan sonra iman eder ki, o da kanatlanır, nurlanır.

631. Sen sustuğunda ruhun dile gelir, yüreğinle konuşur; işte bazen sessizlikte hissettiğin huzur bundandır.

632. Sen ne zaman ki balı arının yapmadığını, ona sadece sebep olduğunu idrak edersen, sevgi ve aşkın da sana başka birinden gelmediğini, onun kendi özün olduğunu duyumsayacak ve arayışı bırakacaksın, işte o an bir nur üzerine düşecek ve ferahlayacaksın!

633. Derdin büyük diye üzülüyorsan arzularına bak, mutlaka büyük arzular içindesin!

634. Sadaka vermek için paran olması şart değildir, kalbini kıran insanlara hâlâ selam verebiliyorsan bu en büyük sadakadır, bu ruhunun sadakasıdır.

635. Hâlâ mı mutsuzsun? O halde idrak et! Sen Rabb'inin en kutsal eseri, bu dünyada ruhunu ruhunda taşıdığın halifesisin. Şükret ve yoluna devam et.

636. İki tür insan vardır: Yaşamın akışıyla birlikte süzülen ve yaşamın akışına karşı kürek çeken! Biri huzurun içindedir, diğer ise düşüncelerinin esiri olmuştur.

637. Birileri seni çekemiyor, tahammül edemiyorsa daima anımsa, ulaşmak istediği hazinenin gerçek sahibi sen olduğun içindir.

638. Farkındalık yolu sevgi yoludur ve sevgi yolu cennetin kapısına ulaşan yoldur; bu yola hiç kimse kin ve nefretle giremez.

639. Kimseyi ayıplama, evren senin aynandır, o sadece seni yansıtır. Başkalarıyla iletişim kurmadan önce kendi içine dön ve kendinle konuş; çünkü kendi yüreğinin sesini dinleyemeyen bir insan kimseyi duyamaz. Elindeki bütün kitapları bırak ve önce kalbinin kitabını oku; çünkü kalbinin kitabı, okuduğun tüm kitaplardan daha anlamlıdır. Patronunun yanında bir başka maske, evde başka maske...

640. Bu seni sadece yoracaktır, bütün maskeleri bırak ve kendin ol, ancak o zaman tam olarak özgürlüğe ulaşabilirsin. Ve konuşmalarını usul usul azalt; çünkü aşk, sen sustuğunda konuşmaya başlar. Sana taş atana sen gül ver; ver ki kaynağın sevgi olduğunu daima anımsayasın. Ve sadece sev; çünkü sen Allah'ın rahmeti olan sevgiyi çevrene yaymak için gönderdiği seçilmiş bir varlıksın.

641. İnsanoğlu nefsine hâkim olamadığı için cennetten kovuldu, yine aynı insanoğlu nefsine hâkim olamadığı için dünyada sürünüyor. Sadece farkında ol, cevaplar kendi derinliğinden gelecektir.

642. KİN esaretindir.

KİN hapishanendir.

KİN hastalığının yegâne sebebidir.

KİN enerjinin eriyip gitmesidir.

KİN kendine verdiğin en büyük cezadır.

643. Hayatın anlamı nedir biliyor musun? İşte bu sorunun cevabını sana kim vermeye kalkışıyorsa onun yanından uzaklaş ve kendi içine dön. Çünkü hayat yalnızca senin ona kattığın anlamla şekillenir.

644. Kalbi Allah'la olan bir insandan korkma, zihni Allah'la olan insandan kork; çünkü o dini kullanarak seni hipnotize ediyordur!

645. Sen sorunları dert sanıyor üzülüyorsun, oysa Allah'tan gelen her şey rahmettir.

646. Nasıl bu kadar huzurlu olduğumu soruyorsun. Sana sadece tek bir söz söyleyeceğim: "Derdi dünya olanın dünya kadar derdi vardır" der Can Yunus, Miskin Yunus. Benim tüm dünyam Allah, O'ndan da sadece huzur ve sevgi geliyor...

647. Farkında olmayan insan yoktur, birey "Ben mutsuzum" dediğinde bile mutsuz olduğunun farkındadır. Düşüncelerini biraz izlemeni isterim, düşünce sana zarar veriyor gibi gözükse de; özüne dönüşümünde kullanacağın en güzel kapıdır.

648. Ben sana bütün dertlerinde, bütün hüzün ve kederlerinde sadece içindeki sevgiyi hissetmeni söylüyorum. Çünkü o tüm duaların, tüm ibadetlerin başlangıcıdır.

649. Mutsuzluk seni ziyaret etmeden önce mutsuzluğun geleceğini bil ki, şimdi mutlu olduğunun farkında olasın!

650. Benim görüşüme göre cennete açılan kapının anahtarında dört tane "s" vardır: sevgi-şükür-sabır-sadakat...

651. Engelleri bir tarafa bırak, ilk hedefin kendini aşmak olsun ve sonra tüm engeller bir anda önünde diz çökecektir.

652. İnsanları anlamaya çalışmak sana zaman kaybı verir, kendini anlamaya çalışmak ise sana seni verir!

653. Mucizeler, farkına varılmamış hazineler gibidir, onlar her zaman bir kenarda keşfedilmeye beklerler. Ve her insan bir mucizedir, ancak birey bunun farkına vardığı an manevi zenginliğine ulaşacaktır.

654. Geçmişin acıları içindeki kara bulutlardır; onlarla yaşamaya devam ettiğin sürece; içindeki güneş örtülü kalır ve acıları bıraktığın an güneşin bir anda yükselir, içinden bir nur, bir rahmet sıcaklığı yükselir.

655. Bu dünyaya o kadar çok tutunmuş, o kadar derin kök salmışsın ki, bu yüzden yaşam çoğu zaman senin kâbusun oluyor. Unutma, dünya bir konaklama alanı değil, o sadece bir geçittir!

656. Bütün hazineler senin içinde gizlidir, krallık senin merkezinde inşa edilmiştir, cennetin kapıları semaların kat kat üzerinde, fakat birinci kapısı varlığının ta derinliğindedir!

657. Topraktan geldiğini ve oraya döneceğini unutma, bir toprak ol. Ve insanlar seni çiğnese bile sen onlara tıpkı bir toprak gibi çiçekler sun. Ancak o zaman rahmet, bereket ve sevgiyle taşarsın.

658. Sana mutluluk adında bir melek gönderildi ve sen onu "Seni ne zamana kadar yaşayacağım?" diyerek elinin tersiyle geri ittin! O tekrar geldi ve sen zihnine uyarak her defasında onu geri çevirdin. Ancak o bıkmadan tekrar sana dönecektir. Varlığından yükselen titreşimi takip et, o senin yüreğine huzur verecektir.

659. Hayat sadece sen paylaştıkça ya da sen sevdikçe değil, hayat var oldukça güzel. O halde içine dön ve kutsal varlığını sevgiyle, şükürle kucakla.

660. Ben sana "Kalbinin sesini dinle" derken içindeki bir sesten söz etmiyorum. Sözlerin kalpten geleceğine mi inanıyorsun? Hayır! Tüm sözler zihne aittir, şayet içinden "Bak bu adam/kadın seni mutlu edebilir, bir şans ver" gibi sözler geliyorsa bu da zihnin oyunlarından biridir. Benim işaret ettiğim kalbin sesi doğadan gelir; bazen bir kedi, bazen bir köpek ve rüzgârın fısıltısı ya da yağmur damlalarının cama vuruşunda.

661. Yaşam yolculuğunda her şeyle tanışabilirsin; aşkla, terk edilmeyle, öfkeyle... Şayet yaşıyorsan her şey gelir ve geri gider. Bu güzel bir şey; sen hâlâ canlısın, hâlâ nefes alıyorsun. Tanışmak sana zarar vermez, ancak onun içine işlemesine izin verdiğinde yaşamın bir kaosa dönüşür. Gelen her şeye teşekkür et ve şükret, unutma ki sen var olduğun için onlar varlar. Ve bu farkındalıkla varlığını katlayabilirsin.

662. Ben sana bir gün aşktan söz edebilirim, onun derinliğini yaşamanı dileyebilirim ve bir bakmışsın diğer gün namazın verdiği huzuru konuşabilirim, sana zikrin muazzam derinliğinden söz edebilirim... Ayırdığım hiçbir şey yok, sadece, senin bütünlüğün içinde olgunluğa kavuşan bir varlık olmanı diliyorum.

663. Sevgisiz insan boştur ve boş insan sadece senin enerjini kendine doğru çeker, onun sana verebileceği hiçbir şey yoktur, o sadece almasını, kendi boşluğunu doldurmasını bilir. O senin yaktığın şöminenin ısısıyla geçinir, şömineye her zaman senin yakacak atmanı bekler!

664. Eğer bir bulut ya da bir yıldızla arkadaş değilsen, hiç kimseyle gerçek anlamda arkadaş olamazsın. Çünkü onlarla olan arkadaşlığın çok derinden olacaktır ve sen derinsel bakışı öğrenmeden yüzeyde gördüğün her şeye farkında olmadan zarar vermeye başlarsın.

665. Köpekler insanlar gibi değildir, onlar ayna gibidir; senin mutluluğunla mutlu, senin hüznünle hüzünlü olurlar.

666. İçindeki dünya sana şöyle sesleniyor: Ben sana güzellikler saçan bir çiçeğim, fakat sen kirli baktığın için beni de kirlenmiş görüyorsun! Ancak zihnin o kadar kalabalık ki, içinde o kadar çok gürültü var ki, sen yüreğinden süzülen bu mırıltıları duyamıyorsun.

667. Gerçek sevgiyi arıyorsan karşındakinin gözlerine değil, kalbine bak; fakat önce kalbin yoluyla tanışmalısın, yoksa diğerinin kalbine nasıl inebilirsin? Önce kendi kalbinin yolunu keşfet ve sonra diğerinin içine akış gerçekleşir; işte bu nokta bir oluşun ta kendisidir.

668. Sadece yaşamın gerçekliğine uyum sağla, ruhun ağlamaya ihtiyacı varsa ağla, gülmeye ihtiyacı varsa gül, her deneyimi yaşa, kontrol etme. Şayet kontrol edersen bütün enerjini dışarıya akıtmış olacaksın. Sessiz ol ve yaşamın akışını izle o akışta gelen her şey mucizedir.

669. Sözler ısıtmaz, sözlerin içi boştur; bu yüzden sözleri bırak, kalbini aç. Sevgi sözlerin içinde değil, kalbin sessizliğinde filizlenecektir. Şşşştt! Sessiz ol...

670. Mutsuzlukla niçin savaşıyorsun? O senin düşmanın değil, sen onu düşman gibi görmeye koşullandırdığın için mustarip oluyorsun, hepsi bu! Onu kabul et ve onun içinde eri, bu erime sana yeni bir kök, yeni bir doğuş getirecektir.

671. İnsanları anlamaya çalışıyorsun, hayatı anlamaya çalışıyorsun, aşkı anlamaya çalışıyorsun, niçin? Çünkü toplum seni anlama odaklı yetiştirdi. Eğer anlamazsan hep bir şey eksik kalacak, dendi... Ve sen sevgiyi ve sen aşkı anlamaya çalıştın. Her şeye beyninle yaklaşan bir yaratık olmaya başladın! Tüm kalbi duygularını yavaş yavaş kaybediyorsun, birazcık farkına vardığın an yeni bir doğuşu gerçekleştireceksin.

672. Sevgi bir anlayış meselesi değildir, onun zihinle ve mantığınla ne ilgisi olabilir? O tamamen akışla birlikte doğar ve akışın içinde çiçekler verir. Sen durduğun an, yaşamın akışından koptuğun an sevgiyi kaçıracaksın. Anlayış şeytanın beklentisi, akış ise Allah'ın koşulsuz rahmetidir.

673. Hiçbir insan gücü dalgalı bir denizi dinginleştiremez ve hiçbir insan gücü bulanık bir nehrin berrak olmasını sağlayamaz. Her şey varoluşun uygunluğunda kendiliğinden gerçekleşir. Vuku bulana sadece tanık kal bu kâfidir!

674. İnsanın kendini keşfetmesi ancak, toplum tarafından yapıştırılmış kişilikten sıyrılarak birey olduğunu idrak etmesiyle gerçekleşebilir.

675. Kim kaderin tamamlandığına inanarak yaşamında isyan bayrağını çekmişse yanılıyordur; çünkü "kader defteri", bireyin kendi seçimleriyle bütünleşerek tamamlanacaktır.

676. "Biz" bu âlemde farklı gibi gözüken damlalarız, ancak birleşerek bir okyanusu oluşturuyoruz. Bu okyanusun farkında olanlar "bir"i idrak ederek uyanışını gerçekleştirmiş varlıklardır.

677. Varoluş anbean senin varlığını kutluyor, bu kutlamayı derinden hissediyor musun? O halde kalk dans et, bu bir delilik değil, asla bir delilik değil, tam aksine yeni bilince yükselişinin kutlaması olacaktır.

678. Eğer bir insana kızıyorsan ve ona kin tutuyorsan, ona baktığında Allah'ı hissetmiyorsun demektir! Şayet yaşama derinsel ve yüreğinden bakarsan; sen kırgın olduğun kişiyi değil, ona baktığında Allah'ın eşsiz izini duyumsarsın, işte o an tüm kırgınlığın ve kızgınlığın bir anda buhar olup kaybolacaktır.

679. Affetmek, karşındaki kişiye hak vermek anlamında değildir! Affetmek, o kişileri bırakıp kendine dönmek demektir. Affedemediğin zaman enerjin dışa dönüktür; affettiğinde ise enerjin sana doğru geri akmaya başlar.

680. Tüm arayışları bıraktığında, arzularından arındığında kara bulutlar kenara çekilir ve içindeki güneş bir anda ortaya çıkar, işte o senin aydınlığındır.

681. Güne, "Şimdi ne giyinsem?" diye düşünüp ve plan program yaparak başlamayı bırakıp; her sabah taze, yeniden başlayan bir yaşama gözlerini açtığını hissederek, derin bir nefesle birlikte şükretmeyi öğrendiğinde bu yaşam senin cennetine dönüşmeye başlar.

682. Sadece içindeki gökyüzünü keşfet, orası her zaman güneşli, her zaman yaz mevsimindedir.

683. Acı yüreğinin olgunlaşması için karşına çıkan bir vasıtadır, o seni aydınlığa eriştirecek bir araç, onun içine işlemesine izin verme, onu sadece kullan.

684. Sen sevgi tohumunun içinde filizlenen bir ağaç ol. Bir ağaç, mevsimler değiştiğinde meyvelerini dökebilir, ancak kök/merkez baki kalır.

685. Mutluluk senden uzak değil, ancak sen ondan uzakta olduğun için varlığını duyumsamıyorsun. Tüm arayışları bıraktığında her şey sana koşmaya başlar, bunu idrak etmek güzelliklere açılan kapının anahtarıdır.

686. Şimdi buradasın ve birkaç dakika, çok değil sadece birkaç saniye bile olabilir... Burada olmayabilirsin, kim bilebilir? Yaşam budur, yaşamda; biraz sonrası yoktur ve yaşamda "yarın" hiç yoktur, eğer biraz farkına varırsan her zaman bu anın içinde soluk aldığını göreceksin.

687. Yaşam her zaman dikenlidir ve onu olduğu gibi kabul etmeye başladığın an o sana artık güllerini sunmaya başlar. Bu bir sır değil, tam aksine hakikatin ta kendisidir.

688. Unutma ki, bu dünya bir rüya âlemidir, zihni bıraktığın an hakikat bir anda ortaya çıkar. Artık insan, toplumun oluşturduğu sahte benliği bırakmış ve içindeki ruhsal benlikle buluşmuştur.

689. Yaşam yolculuğunda her an sıkıntılarla karşılaşabilirsin, bu olması gerekendir, hakikat bu şekilde işler; fakat unutma, güneş önünden kara bulutlar geçiyor diye kendi özünden hiçbir şey kaybetmez!

690. Nefse dikkat et, o, seni kirli sulara, hayatın olumsuzluklarına tutunmaya yönlendirir. Onun sesi hep yüksektir, onun dilekleri, arzulan hep yoğundur, o asla yürek gibi inceden mırıldanamaz.

691. Ve yüreğin sesi çok yumuşaktır, onu duyman için zihni bırakman gerekir; çünkü zihin çok karmaşıktır. Zihin ne kadar konuşma varsa, ne kadar düşünce varsa senin içinde toplamaya bayılır. O senin bütün enerjini düşüncelerle bitirmenden yanadır.

692. Yaşam her zaman senin yüzünü güldüremez; çünkü onun kendi doğasında bazen yağmur vardır, bazen güneş açar. Yaşam tüm oluşla birliktedir. O, olan her şeyle birdir.

693. Başkalarına karşı kızgın ve öfkeli olduğunda olanları izle. Bu duyguların, yalnızca senin ruhunu acıttığını ve enerjinin kırgın olduğun insanlara akarak kendini tükettiğini göreceksin.

694. Bir insanı anlayabilmek için hayata onun baktığı pencereden bakmalısın.

695. Zorlukları yüreğinle benimsersen, diğerlerinin "zor" dediklerine sadece gülümsersin!

696. Toplum ortaya kara bir leke çıkardı. "İnsanın kendini sevmesi bencilliktir" dedi. Bir insanın kendini tanımasına/sevmesine ve kendi dönüşümünü gerçekleştirmesine izin verilmelidir. Kendini tanımayan ve sevemeyen, henüz olmamış bir insan başkasını nasıl sevebilir? Yaşamında kendi deneyimlerini bırakıp başkasının deneyimlerini varsayıyorsan sen hiç yaşamıyorsun demektir!

697. Yaşam bir çiçek gibidir, onun kendine has bir kokusu vardır ve o da sevgidir. Onu formüllerine alet edersen koparmak zorunda kalırsın ve kopan bir çiçek artık yapaydır, ölüdür, onun kokusunu hissedemezsin. Yaşamı hissetmek istiyorsan onu olduğu gibi kabul edebilirsin, o zaman sevgi kokusu tüm benliğini saracaktır. Ona yüreğinle yaklaştığında o da sana yüreğinden yükselen kutsal kokusunu sunacaktır.

698. Arzular güzel olanı öldürürler, masumiyeti bozarlar, sevme düşüncesi bile sevgisizliği doğurur. Kuşların ötüşmelerine hiç şahit oldun mu? Onların sesi sana şarkı gibi gelir, fakat kuşlar seni mutlu etmek için ötüşmezler, hayır! Onların böyle bir arzuları yoktur; bu yüzden şarkıları anlamlıdır.

699. Yağmurun sesi cama vurduğunda huzur kaplar yüreğini ve tüm bunlar onların doğallığından kaynaklanan güzelliklerdir. İçinde arzu olmadığında dokunduğun her yüreği güzelleştirebilirsin.

700. Kendilerini ev sahibi sanan insanlar vardır ve onlar büyük bir yanılgının içindedirler; çünkü bu dünyada herkes kiracıdır ve bir gün evinden ayrılmak zorunda kalacaktır!

701. Huzur senin varlığının özüdür, onu dışarıda aramaya gerek yoktur. O zaten seninledir, fakat senin zihnin sürekli çalışmakta... Düşünce varken huzuru fark edemezsin. Uyurken huzur vardır, içinde bir boşluk vardır, sessizlik ve dinginlik vardır; çünkü uyurken zihni stop ettin, onu kapattın. Sadece olanı izle, bu tanıklık seni hakikatle buluşturacaktır.

702. Sen enerjiden oluşuyorsun. Yoksa nasıl ayakta durabilirsin ki? Kolların bile kalkmaz. Özünü anımsarsan gücünü kaybetmezsin.

703. Şayet sevgiye odaklı yaşarsan, karşına çıkan bütün korkuların, hastalıkların hatta çirkinliklerin içinde saf güzellikler ve mucizeler olduğunu görebilirsin.

704. Sevgi varsa güvenlik vardır ve sevgi yoksa ortalık hırsızlara kalmıştır. O zaman müthiş bir kaygı sarar benliği, işte bu korku sevgisizliktendir.

705. Merkeze odaklandığında gerçeği görürsün. Merkeze odaklandığında sevgiyi görürsün. Sevgi merkezdedir. Yaşam merkezden akmaya başlar ve zihne yaklaştıkça akışı durur; çünkü düşünceler akışı keser. Su gibi esnek olamazsın. Ruh akmazsa tıkanır; çöküntü yaşarsın. Dibe vuruyorsun... Sadece farkında olmanı isterim.

706. Mutlu olma isteğin bile arzularla ilgilidir ve arzular sadece egoyu besler. Mutlu olmayı arzuluyorsun ve bir süre sonra mutluluk sana geliyor, kapını çalıyor. Onu içeri alıyorsun ve zihnin şöyle çalışıyor: Tamam, artık mutlu oldum, şimdi sırada ne var?

707. Nefis devamlı başka bir şeyi ister, sahip olduktan sonra odağı değişir, artık elde ettikleri anlamsızdır. Başka şeylere heveslenir, başka isteklere odaklanır. Arzu varsa gelecektesindir, asla şimdiki anda kalamazsın; çünkü hep sahip olmak istediklerini düşünürsün ve düşünce içindeyken asla sahip olduklarının farkına varamazsın!

708. Yaşam herkese karşı eşittir, onu farklı kılan bakış açılarıdır. Yaşamın sana sunduklarına değil, senin ona kattığın anlam önemlidir! Egosal yaşamı bıraktığın an kendini kucaklayabileceksin. Tıpkı çocukluğundaki gibi!

709. Hayat, o zaman sana acımasız yüzünü gösterse de sen bunu görmeyeceksin bile! Çocuklar yaşama yürekleriyle bakarlar ve o yüzden zorluklara takılıp kalmazlar. Yaşamın acımasızca olduğunu düşünen bir çocuk gördün mü hiç? Asla bunu göremezsin! Kendini bir çocuk gibi coşkuyla kucakla, sonrasında yaşam seni kucaklayacaktır!

710. Yaşamın yüzüne gülmesini bekleme, yaşam kimseyi güzelleştirmez; onu güzel ya da çirkin kılan insanın kendi bakış açısıdır.

711. Gökyüzünde güneşi görebilirsin, yıldızları ve bulutları da; fakat içinde bir gökyüzü olduğunun farkında olmadıkça dışarıdaki gökyüzü anlamsız kalacaktır.

712. Mutsuzluğu evine yollayarak mutluluğu dünyana kabul ettiğinde, aslında varoluşun içinde her şey yerli yerindedir, senin zihinsel algılarını bırakıp yüreğinle hayata bakmaktan başka değişen hiçbir şey olmamıştır.

713. Toplumsal olaylara ve düşüncelere şahit ol; fakat onların içinde gerçekleşmesine izin verme.

714. Biz güzelsek dünya güzel, biz mutluysak dünya mutlu, biz renkliysek dünya renkli... Biz varsak bu ay, yıldızlar, güneş var; biz yoksak hiçbir şey yok. Daima farkında ol, hayat görebildiğin kadardır.

715. Problemler insanı bulmaz, insan problemi çağırır. Sen onlara seslenmedikten sonra onlar varoluşun içinde sessizce beklerler!..

716. Hayat duru bir su gibidir ve o sürekli akış halinde süzülür, onu renkli kılan ve ona anlam katan sen olacaksın. Bir deniz düşün ve içinde balıklar, denizyıldızları, yunuslar varsa o deniz renklidir, anlamlıdır ve o denize çöpler attığında artık deniz sana itici gelmeye başlar. Deniz aynı denizdir, fakat artık kirlidir. Hayat denen duru suya güzel duygular katan güzellikleri görürken, onu kirli düşüncelerle bataklığa çevirenler içinden çıkamaz hale gelir. Ve yaşam bu şekilde işler!

717. Aileni/yuvanı ısıtman için beynin çalışması bir şey ifade etmez; sadece kazandığın parayla onları ısıtamazsın. Soba, kombi, elektrikli aletler de anlamsızdır. O yuvayı ancak yüreğindeki sevgiyle gerçek anlamda ısıtabilirsin. Yoksa sıcak vardır ama sıcaklığın anlamı yoktur. Bedenleri ısınır fakat ruhları üşümektedir. Sen kendi varlığını hissetmeden onların varlıklarına dokunamazsın!

718. Elinde tutmak istediklerini sana gelmeden önce eline al. Onu okşa, onun bütünlüğünü tüm varlığınla hisset, o sana gelmek için yola çıkmış olacaktır!

719. Elinde bir fener olduğunu unutmadığın sürece içsel dünyanın kararması imkânsızdır!

720. Kalbin kulağı, zihninin sesini o kadar sık duymak zorunda kalıyor ki neredeyse sağır olacak!

721. Kuşu kafese kapatırsan ondan uçmasını, yeni yerler keşfetmesini, özgür kalmasını bekler misin? İnsan da zihne sıkıştığı, zihinle kendini bir tuttuğu sürece sınırlı yaşayacaktır!

722. Sevgiyle birlikte kızgınlığın ve sinirin de zaman zaman olacaktır, bu güzel bir şey, o yüzden üzülme; bak sevgin canlı, o ölü değil, o nefes alıyor!.. Eğer yaşamın akışını izlersen onun bütün duygularla birleşerek aktığını göreceksin. Bütün seni kendi özünle buluşturur. Merkezde aşk vardır, merkezde tüm aradığın cevaplar mevcuttur, onlara ulaşmak için uzaklaştığın evine dönmen kâfidir!

723. Hayatı değiştirmekten söz ediyorsun. Hayatı değiştiremezsin, ancak kendi bakış açını değiştirebilirsin ve şunu asla unutma: Yaşam herkese karşı eşittir, onu farklı kılan insanların bakış açılarıdır.

724. İçindeki dünya değiştiğinde dışarıdaki dünya da değişir, fakat sen önce dışarıdaki dünyayı değiştirmeye çalışıyorsun, yanılgı burada başlıyor, bunun farkındalığı sana huzur kapılarını açacaktır.

725. Bir bebek özgür olmak için uğraşmaz; çünkü onun doğasında özgürlük vardır. O özgürlüğün içinde çiçek açmıştır. O mutlu olmak için amaçlara sığınmaz, zaten mutluluğun kaynağıdır. Şayet mutlu olmak için çaba gösteriyorsan, sen diğerini, sen yaşamı reddediyor ve bütüne aykırı davranıyorsundur!

726. İnsan güzellikleri yıllarca dışarıda arar da, bir an olsun kendi derinliğine inmez!

727. Yaşama derinsel bakmak anlamlıdır, ona yüzeysel baktığında tüm mucizeleri kaçırırsın. Yıldızları izle! Onlar parıldarlar ve onların derinliğine inersen müthiş bir nur kaynağını hissetmiş olursun. Bu nurla bütünleşebilirsin, onunla pek çok güzellikleri yaşayabilirsin. Şayet ona çıplak gözle bakarsan sadece izlemiş olursun, derinliğine inersen onu yaşamış olacaksın!

728. Benim derinlikten kastım budur, derinlik özdür ve orada mutlak sevgi vardır!

729. Yaşam, insanlara verdiği her sıkıntının arkasına muhteşem bir hediye saklar; fakat insanlar, sıkıntıları kısa bir süre kucaklayıp sonra da ait olduğu evrene geri göndermek yerine onları sahiplendikleri için bu muhteşem hediyeyi fark edemezler.

730. Baktığın her yerde ayna etkisi vardır. Bulutlara baktığında onların da sana baktığını hissedeceksin. Akşam olduğunda bir yıldız tut kendine ve ona doğru bak. O yıldız da sana bakacaktır. Gökyüzündeki aya bak ve ayın da sana baktığına tanık olacaksın. Bunu hissederek yap, bu sana çok derin duygular katacaktır.

731. O kadar insan arasında ay sana bakıyor, o seni seçti, sen onu hissettin, o da seni hissediyor. Sen onu fark ettin, o da seni, sen onu kucakladın o da seni!..

732. Dünya cennet de olabilir cehennem de... Sen nasıl görmek istiyorsun? Bu senin seçimine bağlıdır.

733. Sevgi, aşk, huzur, coşku, neşe; senin içselliğinde bunların hepsi vardır. Ve sen onları dışarıdaki dünyada aradığında, onları bir hedef, bir araç olarak görmeye başlarsın. Onların ulaşabilecek bir araç olma kavramından uzaklaşarak kendi derinliğine indiğinde tüm güzelliklerin zaten orada seni kucaklaman için seni beklediklerine şahit olursun.

734. Dışarıda aradığın her şey senden bir parçadır, güzellikler senin varlığının temelidir, onlar senin orijinalliğindir!

735. Mutsuzluk bir duygudur, üzüntü bir duygudur. "Ben üzgünüm" dediğin an düşünceye enerjini katmış olursun, onu aktif duruma getirmiş olursun, ona can verirsin, onu farkında olmadan beslemişsindir. Ve beslediğin her ne ise büyümeye başlar. Aşk beslersen aşk büyür, korku beslersen korku büyüyecektir. Unutma, var olan her şeyin beslenmeye/yaşamaya ihtiyacı vardır.

736. Senin bütün sınırlamaların, bütün huzursuzlukların, bütün öfke, kızgınlık ve mutsuzluğun kendi zihninden gelmektedir, dışarıdan sana gelen hiçbir şey yoktur!

737. İnsanları yorgun kılan yaşam değil, taşıdıkları maskeleridir.

738. Sevgi çamura düşse de kirlenmez, sevgidir o. Sana da bırak kötü desinler, özün sevgiyle harmanlaşmış iken zihnin sözlerine ne bakarsın?

739. Sen bahçede açmış bir çiçektin; fakat şimdi yola çıkmış ve bahçeye kenardan bakıyorsun, bahçede açan çiçeklere imreniyorsun. "Keşke ben de çiçek açsam" diye mırıldanıyorsun. Senin özün bahçe, seni dışarıya atan ise zihnin. Sen zaten orada açmıştın ve senin bütün sorunların kendini dışarıda gördüğünde başlar.

740. Sevginin olduğu yerde korku olamaz. Sevgi bütün korkulan eritir, ancak sevginin olmadığı yerde korku doğar ve seni sarar. Nefes bile alamazsın, boğulursun! Sevgi varsa güvenlik vardır ve sevgi yoksa ortalık hırsızlara kalmıştır. O zaman müthiş bir kaygı sarar benliğini, işte bu korku sevgisizliktendir.

741. Kendini güvende hissetmiyorsun ve daha derinlere indiğinde yaşama karşı güvensizliğini göreceksin. Yaşama güvenmeden yaşayan milyarlarca insan var. Bu bir felaket olmalı. Bu en büyük doğal afet! Güvenmediğin bir dünyanın içinde nasıl yaşayabilirsin?

742. Karanlıktaysan ışığa odaklan, karanlıktan söz etme, ona tutunma, ona enerji verme ve onu besleme; yoksa karanlık içinden çıkamayacağın bir derinliğe ulaşacaktır.

743. Bugüne kadar farkında olmadan bir şekilde hep çözümler ürettin sorunlarına, aslında sen gerçek bir sorun çözücüsün! Şimdi bunu farkındalığa dönüştürme zamanı geldi. Şunu asla unutma: Kendini üzmeyi başarabilen bir insan, kendini mutlu etmeyi de başarabilir. Aslında mutsuz insan yoktur, sadece mutlu olacağına inanmayan insanlar vardır.

744. Güneş doğar, hava kararır, karlar yağar, çimler yeşerir, çiçekler açar; yaşam sürekli akış içindedir, o asla durağan kalamaz. Sen sürekli takılıp kalıyorsan onunla aynı doğrultuda akamazsın ve senin tüm sorunların yaşamı kaçırdığın için ortaya çıkmaktadır!

745. Güneş her gün yeniden doğuyor, o asla karanlığın kendi yerini aldığına dair gücenme içinde değil ve yıldızlar da öyle. Yaşam her gün yeniden başlar ve varoluşun içinde kırılma yoktur, varoluş bütündür ve biri diğerini çeker. Güneş ayı çeker, ay güneşi ve biri ekranın ön tarafına düştüğünde diğeri arkasında kalır. Yaşam bütündür, hiçbir şeyi reddedemezsin; reddettiğin an varoluş tüm kapılarını sana kapatmaya başlar.

746. Allah tarafından sana gönderilen her şeyin içinde mutlak sevgi vardır. İyi ve kötüyü, olumlu ve olumsuzu var ederek, bütünlüğü yok sayan ise senin nefsinden başka bir şey değildir.

747. Ölüm ile doğum ayrı değildir, onlar birlikte bütündür. Ölümü de yaşam gibi kabullendiğinde, bütün korkuların erimeye başlayacaktır. O zaman tekrar bütünlüğe ulaşacaksın. Tükenmeyen bir cesareti iliklerine kadar hissedeceksin. Yaşam cesurları sever ve sen bu kabullenişe ulaştığında o seni daima çok sevecektir!

748. İnsanların sana olan öfkesi, küskünlüğü ve seni suçlamaları dışarıdan geliyormuş gibi görünen yanılsamadır! Orada bir kimse yok, orada hiçbir şey yok. Suçlama dışarıdan geliyormuş gibi görünüyor, fakat bu sadece içsel bir ışığın dışa yansıyan gölgesidir.

749. Birini bağışladığında, bağışlanan kendinden başka bir şey değildir. O senin dışında, dışarıda gibi gözüküyor, fakat o içinde gerçekleşiyor. Olan her şey senin içinde gerçekleşmektedir, bunu izle. Gözlerini kapat ve olana tanık ol.

750. Neler olduğunun farkındalığına ulaşacaksın ve bu farkındalık senin oluşuna hizmet edecektir.

751. Mutluluk başarılacak bir şey değildir, o bir hedef değildir, o varılacak bir nokta da değildir. Yüreğimiz tüm bu koşturmaları bıraktığında mutluluk hiç haberin yokken birden ortaya çıkacaktır. Maskeleri bırakarak, bir başkası olmayı, bir unvan peşinde koşturmayı bıraktığında, arzularından sıyrıldığında ve kendin olduğunda bu hakikatle buluşacaksın!

752. Olması gereken her şey kendiliğinden olur, gerçekleşir. Sen yeter ki yaşama güven ve olanları sevgiyle kabul et; bu kabullenişin arkasından tıpkı bir güneş gibi doğan sürprizlere tanık olacaksın!

753. Ne yersen ye, nerede yürürsen yürü, ne yaparsan yap, kendini unutma!

754. Sen bu dünyada küçük de olsa bir boşluğu doldurmak için Allah tarafından seçildin ve bunun farkında bile değilsin. O senin burada olmanı istediyse mutlaka bir bildiği vardır. O seni yaratırken ve ruhuna kendi ruhundan üflemişken, sen O'nun ruhundan bir parça taşıyorken ve varlığın bu kadar kıymetliyken ben başka hazine göremiyorum!

755. Bu dünyayı sahiplenmeyi bıraktığında sevgiye dönüşecek ve sevginin kendisi olacaksın. O zaman varlığın çiçek açmaya başlayacak. Ve şunu unutma, sevgi yaşamın çiçeğidir. Onun kokusu tüm varlığını sardığında içinde sıcaklığını hissedersin ve o zaman baktığın her yerde sevginin ilahi büyüsü ruhunu sarmaya başlar. Çamura dokunduğunda yıldızları hissedersin; çünkü artık hepsinin gizli bir zincirle birbirine bağlı olduğunu fark etmiş olursun.

756. İnsanlar küçük mutlulukları önemsemezler ve çoğu zaman yaşam yolculuğunda onları ıskalar. Oysa küçük mutluluklar büyük mucizelere uzanan bir köprüdür, insan onlara şükrettikçe genişler ve bu köprü; yüreğinden mucizelere açılan büyük bir yola dönüşür; işte o yol sevgi yoludur.

757. Senin bu dünyaya çiçek açman için ne paraya ne siyasete ne de bir dine ihtiyacın vardır! Bu senin tamamen içsel yolculuğuna olan bireysel dönüşümündür. Sen bir kraliyet bahçesinde papatya açmış olabilirsin, diğeri ise terk edilmiş bir toprak parçası üzerinde çiçek açabilir ya da kırlarda veya bir çöplüğün kenarında bulunan küçük bir toprak parçasının üzerinde. Önemli olan nerede çiçek açtığın değil, önemli olan bu dünyaya çiçeklerini sunmuş olmandır!

758. Sana çiçek açmanı söylerken kendi içinde kaybolmandan söz ediyorum. Ortada bir sen kalmadığında, benlik yok olduğunda orada saf sevgi belirecektir ve o Allah'ın rahmetidir. Şimdi güzelliği görebiliyor musun?

759. Senin çiçek açman başlı başına bir güzelliktir, şayet senin gözün çok daha fazlasında olursa bu rahmetten uzaklaşmış olursun; çünkü rahmet dışarıda değildir, o senin varlığınla buluştuğun noktadadır. Unutma! Sen O'ndan bir parçasın, O'nun ruhundan bir parça...

760. Sen bütünün bir parçasısın, fakat kendine olan güvensizliğin bütün olanları görmene engel oluyor. Güneş içinde açıyor, ay ve yıldızlar da senin içinde, bulutlar da... Çiçek senin içinde açıyor ve kuruyor, sonra tekrar açıyor. Yaşama küsen hiçbir şey yok.

761. Ve bütün bu olanlar senin içinde gerçekleşiyor, güvensiz birinin içinde. Yaşam nasıl güzel gelebilir ki? Sen kendi içinde olan bitenden habersizken yaşamın tüm bu güzelliklerine nasıl şahit olabilirsin?

762. Kirlenen dünya değil, kirlenmiş düşüncelerdir, düşüncelerden arındığında dünyanın da arınmış olduğunu göreceksin.

763. Her problem mutlak çözümü doğurur. Bunu iyi izle! Problem nereden geliyor? Problemi görebiliyor musun? O içten geliyor, öyle değil mi?

764. Fakat sen çözümü nerede arıyorsun? Onu dışarıda aramaktasın. Şimdi ne olacak?

765. Çözüm orada, içeride, fakat sen dışarıda dolaşıyor ve uzmanlardan, ustalardan çözüm bekliyorsun!

766. Sana verilecek bir cevap yoktur, sana verilecek bir çözüm yoktur, sen zaten çözümün kendisisin, senin sadece kendi derinliğine, problemlerinin geldiği yöne doğru nüfuz etmen kâfidir.

767. Tekrarlamanı isterim:

Yaşamın bir gizem olduğunun artık farkındayım ve ona formüller aramıyorum. O Allah'ın bana armağanı ve O istediği için şu an buradayım.

768. Yaşamın dikenini, mutsuzluğu, acıyı, stresi, öfkeyi ve diğerlerini sevgiyle kabul ediyorum, böylece bütünü kabul etmiş oluyorum. Bütünü kabul ettiğim an ilahi bir güç kaplıyor tüm varlığımı. Bataklığa dokunsam bile yıldızlara dokunduğumu hissedebiliyorum, hepsinin gizli bir zincirle birbirine bağlı olduğunun ve bu şekilde bir aileyi oluşturduğumuzun farkındayım.

769. Dışarıda açan birçok çiçek vardır ve sen onları bir kere koklar, oradan uzaklaşırsın, içindeki cennet bahçesinde açan çiçeklere ulaştığında ve oraya bir defa nüfuz ettiğinde ise o rahmet dolu ışığı, nuru, aşkın kokusunu anbean hissedersin.

770. Ben sana çiçek aç derken, senin kendi içinde kaybolmanı istiyorum.

771. Önce içindeki cennete ulaş, sonra dışarıdaki her şey sana cennetten gelme gözükecektir.

772. Dünya senin aynandır o, içsel dünyanın dışa yansımasıdır. Sen hayata sevgi dolu gözlerle bakarsan her şey sevgiye dönüşür, şayet sen hayata kin, nefret, öfke ve ıstırapla bakarsan yaşam senin kâbusun olmaya başlayacaktır.

773. Hastalık rahmettir. Mutsuzluk rahmettir, hasta ve mutsuz olduğunda ettiğin şükrün sevabını bilseydin asla isyan etmez, bu rahmetin tadını çıkarırdın...

774. Korkunu sevgiyle kucakla, reddetme, onunla bütünleş. Onun içine gir ve sana ne anlatmak istediğine kulak ver. Korkunun sözlük anlamını unut, her kelime kendi içinde saf sevgi taşır, enerji taşır. Korku sadece senin kattığın anlamla ürkütücü ya da sevimli bir duygu halini alır. Artık kendine güvenmeye başlarsın ve bu seni hayatın acımasızlığıyla bütünleştirerek huzurun kendisi olmanı sağlayacaktır.

775. Hayat her zaman güzeldir, o her zaman anlamlıdır. Karşına öfke çıktığında, kasırgalar koptuğunda, dibe vurarak dayanamaz hale geldiğinde bile hayat güzelliklerle doludur. Karşına çıkanın sana güzelliklerin kaynağından, güzelliğin kendisinden, Allah'dan geldiğinin farkındalığına bir kez ulaştığında baktığın her şey cennet bahçesine dönüşür.

776. Yaşam yolculuğunda emin olduğun tek şey sevebildiğini idrak etmendir, diğerlerinden emin olamazsın.

777. Yaşam yolculuğunda her an farklı güzelliklerle doludur, hissediyor ve görebiliyorsan Allah'ın sunduğu her şey bir mucizedir!

778. Din senin içindedir, din senin güzelliğindedir, din senin sevgindedir. Sen sevgiyle doluysan cennetle kucaklaşırsın, sen Müslüman da olsan, şayet içindeki sevgiyle bütünleşmemişsen, senin yolun sevgi yolu değilse, o zaman dininin ve mezhebinin bir anlamı olmayacaktır. Allah senin katandaki inanca değil yüreğindeki imana bakar.

779. Bu yüzeysel bir mesele değildir, bu derinsel bir hissediştir.

Dünyaya tutunmayı ve bütün beklentilerini bıraktığın anda kimse seni huzursuz edemeyecek, kimse seni incitemeyecektir. Sen beklentisiz olduğunda sevgiyle dolarsın, karşındaki insan sana düşmanlık edebilir, o sevgiden uzak olabilir; fakat bu düşmanlık onun sorunudur, sevgisizlik onun sorunudur. Sen artık sevginin meyvesini tatmış olursun. O meyve olgunlaşmış bir varlıktan gelmektedir ve tadı son derece enfestir.

780. Ne sorunlar gördüm insanları devirdi...
Ne sorun gördüm onları devleştirdi!

781. Hiç kimse sana, "Varlığına saygı duy, o Allah tarafından sana hediye edildi, sen sadece kendin ol" demedi. Sen hep başkası olmaya koşullandırıldın. Ve sen arkadaşlarını, eğitmenlerini ve çevrendeki yakın dostlarını kırmamak, incitmemek için kendinden uzaklaşmaya, bir başkası gibi olmaya başladın. Bunu fark ettiğin an tekrar öze doğru bir dönüşüm başlayacaktır.

782. Yeniliklerle dolu bir günde yepyeni bir sen varsın!..
Her yepyeni bir günle birlikte yeni bir doğum başlar.

**783. Eşin, ailen, gökyüzü, denizler, kelebekler, kuşlar;
tüm bunlar dışarıda ise bir anlamı, bir sıcaklığı yoktur.
Onları içinde hissetmiyorsan nasıl sevginle besleyebilir-
sin? Bu yüzden ilk adım merkezine dönmektir.**

784. Gece uyurken rüyanın içindesindir ve rüyanın
içindeyken bunun bir rüya olduğunu anlayabilir misin? Onu
uyandığında anlıyorsun öyle değil mi?

785. O halde senin dünyayı gerçek anlamda anlaman
için uyanman gerekir. Senin baktığın ağaçlar sadece bir ha-
yal. Senin baktığın insanlar sadece bir iz. Sen onlara rüya-
nın içinden bakıyorsun. Ve sen o yüzden hiçbir insanı an-
layamazsın ve sen o yüzden kendini dahi anlamakta zorluk
çekiyorsun. Önce senin uyanman gerekir, uyanış olmalıdır,
dönüşüm gerçekleşmelidir, o zaman anlama ihtiyacı duyma-
yacaksın, sadece şahit olmanın verdiği dinginlik sana yete-
cektir.

786. Sana bir sır vereyim mi?

Eğil biraz!

Yaşamı izle, o ne kadar canlı, rengârenk, asla tek bir renge, tek bir çizgiye sahip değil. O tam anlamıyla inişli ve çıkışlı, asla tekdüze değil. Ve mantığını izle; o ya siyahtır ya da beyaz. O düz bir çizgidir. Şimdi yaşamın içinde mantığın ne işi var?

787. Anlıyor musun? İzlemeye devam et... Sorunun köküne ineceksin!

788. Hakikat basittir. Gözlerini açarsın görüntü gelir ve gözlerini kaparsın görüntü gider. Acılar ve zorluklar da zihin denen projeksiyona yansır, sen ona bakar, özdeşleşirsen acı senin içine işleyecektir. Ben senin karanlıklar içindeyken bile ışığı görmen için yanındayım. Zor olan hiçbir şey yok, zihne kölelik yaparak zoru var etme bu kâfidir.

789. Ben sana yaşama tutunmayı değil, yaşamayı anlatıyorum; çünkü akış yaşama tutunmayı bıraktığında başlar.

790. Allah'ın sunduğu her şey bir mucizedir, önemli olan mucizenin yüzeysel/görülebilir olması değil, onun derinsel oluşunun farkında olmak ve onun kutsallığını hissetmektir. Ancak O'nun mucizesini yürekten inandığında görebilirsin. Şayet mucize yüzeyde olsaydı o zaman ne anlamı kalırdı? En kıymetli hazineler bile derinlerdedir, onlar ortalıkta olsaydı değeri olur muydu hiç?

791. O halde baktığından daha öteye bak, yüreğin genişleyecek ve mucizen seni bekliyor.

792. Sizlerin en güzel huylu olanı kendini keşfederek yaşama yüreğiyle bakandır; çünkü o Allah'a en yakın olan ve O'nun penceresinden yaşamı izleyendir!

793. Mutluluğu dışarıda arayan insanlar kendi varlıklarından habersiz olanlardır.

794. Dünyaya tutunmayı bırak ve dünyada oluşanlara sadece tanık ol. Mutsuzluğu mutluluğa dönüştürmeye çalışmak, geceyi gündüze çevirmeye çalışmaktan farksızdır. Varoluş kendi zamanlamasında her şeyi gerçekleştirir, sen sadece ona güven ve teslim ol.

795. Ben senin başarılı olmanla ilgilenmiyorum, ben senin başarı yolunda koşarken yolun kenarında göremediğin çiçekleri, şakıyan bülbülleri, kısacası farkında olmadığın yaşamın farkına varmanı diliyorum. Sen bir kez yaşamın mucizesiyle tanıştığında bütün hayatın mucizeye dönüşmüş olacak.

796. Tekrarlamanı isterim:

Allah sevginin kaynağıdır. O'nun tüm yarattıklarının özünde sevgi vardır. Anam sevgi, babam sevgi... Ben sevginin içinde doğdum. Baktığım her şey sevgi ve ben bu dünyaya yüzeyde görülen sevgisizliği sevgiye dönüştürmeye geldim.

797. Bir kap düşün ve bu kabın adı "düş" olsun şimdi bir de suyu canlandır gözlerinde; suyun adı ise "duygular" olsun. Suyu kabın içine bıraktığında yayılarak kabın şeklini aldığını göreceksin. Eğer düşlerinde mutluluğun ve güzelliğin oluşturduğu bir kap resmi hayal edersen o kabın içinde birikecek olan duyguların da mutluluk ve güzellikle şekillenecektir...

798. Ölüm bir sonuç değildir, ölüm bütünün içindeki halkalardan biridir, onu ayrı tutan zihin halidir, ölümü niçin ayırıyorsun? İnsanlar kendilerini bedenler olarak görüyor. Bir beden ve zihin olmadığını idrak ettiğinde tüm korkular, tüm sorunlar yerini huzura bırakır.

beş rahmet kapısı

SUFİ

SUFİ

Bedenden öte artık ruhu beslemek, olgunlaştırmaktır Sufi. Fazla konuşmayı, fazla yemeği ve fazla uykuyu terk etmektir Sufi. Derin bir rahmet kapısıdır. Allah'a uzanan kapılardan en kıymetlilerindendir.

Vaktini en değerli olana harcamaktır. En değerli olan Allah'ı anıp O'nunla uyuyup, âdeta O'nunla kalkmaktır. Her şeyin Allah'tan geldiğinin derin bilincinde olarak tefekkür içinde kalarak ruhunu beslemektir.

Biz doğarken, aydınlık olarak doğduk. Biz doğarken sufi olarak doğduk, sonra karartıldık. Hayat bizi âdeta ele aldı ve oyuncak gibi oynamaya başladı. Sufi senden uzak değil, aksine o içindeki cevherdir. O Allah'ın sana verdiği bir rahmettir.

Cüneyd Bağdadi Hazretleri sufilik yolu tasavvufu ne güzelde izah eder: Tasavvuf, Allah'ın seni sende öldürüp kendinde ebediyen diri kılmasıdır.

Bu kitap içindeki sufiyi bulma, tekrar keşfetme adına yazılmış bir vesiledir.

799. Karşında o kadar çok maskeli insan var ki, onları tanımak için yoruluyorsun. Şayet dikkat edersen güzel olan bir şey var; o senin hakkını aldıkça sen onun sevaplarından alıyorsun!

800. O halde kaybettim diye üzülme; çünkü biraz daha derin bakarsan aslında kazandığını fark edeceksin.

801. Duydum ki benim arkamdan konuşuyorlarmış, bilmezler mi gıybet edene günah, bize de sevap yazılır, bilselerdi yine konuşurlar mıydı? Şimdi onlar için üzülür ve haklarını nasıl öderim diye düşünürüm...

802. Ey Azrail! Senden bana korku nasıl gelsin? Kim görmüş seni üzerinde kara bir elbise ve elinde tırpanıyla? Kim uydurmuş senin zalim olduğunu? Sen sevginin emrinde olan bir meleksin, senden bana ancak sevgi gelir. Gel yaklaş, öpüşüp hasret giderelim, sonra da yürek yüreğe Rabb'imizin huzuruna erelim...

803. Sen en kıymetli nefes nedir bilir misin? Üstelik her solukta içine huzuru getiren ve her nefes verişinde dünyaya huzur salan... İşte o, şükreden nefestir.

804. Üzüntüne, hastalığına isyan etmek Allah'a şirk koşmaktır, hangi isyan getirmiş sağlığı? Hangi isyan seni mutlu etmiş? Unutma! İnsanın isyanı, Allah katında imtihandır!..

805. Allah'ın mucizesidir teslimiyet.

806. Sen hiç teslimiyetin mucizesine tanık oldun mu? O seni dipsiz bir kuyuya çeker gibi görünür, ancak orada çiçek bahçeleriyle karşılar.

807. Anne kutsaldır, asilik yaparak onu ağlatma; çünkü Allah onun gözyaşlarıyla birliktedir.

808. Bir güle baktığında insan; zihin dikeni, göz gülü, yürek ise bütünü görür.

809. Allah meleklere kanat, insanlara ise yürek vermiştir, eğer farkında olursan her ikisi de bir rahmet, bir mucizedir.

810. Kalbini kıranı beddua değil, dua ve sevgiyle uğurla; Allah hüzünlü kalpleri sever. Ve unutma! Bir kapıyı kapatan Allah mutlaka başka bir kapı açacaktır.

811. Hakikat bana gösterdi ki, güzel çirkin, iyi kötü, sevgi nefret, "bir"miş ve onlar "bir"likte yazılır, "bir"likte olduğunda çiçek verirmiş!

812. İnsanlar seni yanlış anladığında dert etme; duydukları senin sesin, fakat aklından geçenler kendi fikirleridir...

813. Kalbi Allah yolundan uzak olanı kendine sevgili etme, Rabb'ine sadık kalmayan sana sadık kalır mı?

814. Bir kapı kapandığında diğer kapının açıldığını göremiyorsan yaşama yüreğinle bakmıyorsun demektir.

815. Kim senin hakkında iyi konuşuyorsa ona dua et ve yine kim senin hakkında kötü konuşuyor, gıybet ediyorsa ona daha çok dua et; çünkü o kişinin dualarına daha çok ihtiyacı vardır.

816. İnsanlar parasız kaldığında değil, sevgisiz kaldığında fakirleşirler.

817. Ne kanser ne de diğer hastalıklar, insanın en büyük hastalığı, içinde taşıdığı kindir.

818. Mucize arıyorsun, fakat senin varlığın en büyük mucize, göremiyorsun!

819. Hayat sevgisiz boş bir kap, sevgi ise yağmur gibi rahmettir. Sen sevgi dolu ol ki boş kap rahmet dolsun ve sonra onu paylaş ki aşk doğsun.

820. Hayal kırıklığının bir önceki adı arzudur!

821. Affetmek mi? Gülü dalından kopardığında kokusu ellerine siner ya, işte, sen onu kırsan da gülün seni sevgisiyle kucaklayışıdır affetmek...

822. Affetmek Allah'ın rahmetlerinden, sevdiklerindendir. Sen de O'nun sevdiği şeyleri yaparak kendini ilahi bir gücün, huzurun ve mutluluğun içinde bulmak ister misin?

823. Asıl insanları öldüren şey içlerinde taşıdıkları kin ve nefrettir!

824. Nasıl mutlu olacağını soruyorsun. Kâbe'nin içindesin ve kıblenin yönünü soruyorsun. Özün senin kıblendir, içine dön, içeriye biraz göz at; nihai mutluluğun kapılarını dışarıda bulamazsın.

825. Kalbinde Allah sevgisi olan bir insan kendini âciz hissedemez, şayet kendini güvensiz, âciz ve yetersiz hissediyorsa, bilsin ki o iblise uymuştur!

826. İnsanlar bana hakaret edebilir, beni kırmak iste-yebilir, fakat tüm bunlar canımın yanmasına, içimden bir öfkenin, bir tepkinin çıkmasına neden olamaz, insan sadece kaynağında olanı yansıtır!..

827. Sen varoluşun içinde açan bir çiçeksin, sevgi se-nin nurun/ışığın, gözyaşı ise olgunlaşmanı sağlayan özsu-yundur.

828. Şeytanı şaşırtmanın en güzel yolu kendini olduğun gibi sevmektir!

829. Bebek doğar doğmaz yanına bir melek gelir ve onu iki kaşının arasından öperek şöyle der: "Sana Allah'ın sela-mını getirdim."

830. Allah merhametin kaynağıdır, O kimsenin kade-rine "Sen mutsuz olacaksın" diye yazmaz; o gaddar değil, gaffardır! Ve unutma! İnsanlar kaderleri yüzünden değil, seçimleri yüzünden mutsuz olurlar.

831. Ne en iyisi olmak zorundasın ne en başarılısı ne de en güzeli, sadece kendin ol. Bu tüm düşüncelerden, tüm mertebelerden üstündür. Onun ilahi bir huzuru vardır.

832. **Varoluş her an senin doğumunu kutluyor, bunu derinden idrak ettiğin an kalbindeki tohum bir anda çiçek vermeye başlar. Artık cennet bahçeleri önüne serilmiştir!**

833. Sen hiç domates tohumunun kavun verdiğini gördün mü? Toprağa ne ekersen onu biçeceksin. Toprak bir aynadır, o sadece senin ektiğini yansıtır. Eğer toprağına sorunlu bir tohum bırakıyorsan o sana sorunlu bir ürün verecektir. Ve benim topraktan kastım senin ruhundur, tohumun suya ve ışığa ihtiyacı vardır, su ve ışık ise şükürdür. Şayet ruhunu şükürle sularsan toprağındaki sevgi tomurcuğun sevgi çiçekleri vermeye başlayacaktır.

834. **Kimsenin senin dünyanı mutluluk bahçesine çevirmesine ihtiyacın yoktur. Attığın her adımında şükür, sevgi ve aşk varsa dünyanı zaten cennete çevirmişsin demektir!**

835. Hayat o kadar eğlenceli bir oyundur ki, sen ancak tam teslimiyetle onun içine düştüğünde; mutlak huzurla kucaklaşırsın.

836. Yaşamın kalbi sevgidir, ruhu aşktır, mutluluk ve mutsuzluk da onun görünmeyen bedeninden bir parçadır.

837. Sen seçilmiş olarak dünyaya gönderildin. Sen seçilmiş olansın; bunun farkındalığını her solukta hissetmelisin. Sen ilahi olansın. Sen bu dünyaya sevgiyi yaymak için gönderilmiş bir halifesin!

838. Dua, Allah ile kulu arasındaki kutsal bir köprü, şükür ise o eşsiz köprüde açan çiçeklerdir.

839. Herkes bir çiçeği koklayabilir, fakat herkes o çiçeği hissedemez. Sevmek ayrıdır, tutku ayrıdır; hissetmek sevgiden doğar, tutku alışkanlıktan!

840. Hayat dikendir, sen seversen o gül olur!

841. Daima anımsa! Şeytan sadece günahı sunar, onu işleyip işlememek senin seçimine kalmıştır.

842. Sevgi, kalbin içinde açan bir gül, şiir ise o kalbin bülbülüdür, eğer bir kalbin içinde bu ikisi varsa sen cenneti yaşıyorsun demektir.

843. Yalnızca, yüreğindeki sevgiyi hissedenler, yüreklerdeki sevgiye odaklanırlar.

844. Ben sadece bir ışığım, tıpkı aydınlık bir oda gibi. Kimseye verdiğim bir şey yok, eğer yanıma gelirsen bu güzeldir, bu sana bir parça keyif, bir parça huzur verebilir, yanıma gelmezsen de yapılacak bir şey yoktur. Hepsi bu, ben sadece bir ışığım...

845. Vaktin vakti yoktur; ya gönlündekilere vakit ayırırsın ya da vakit seni ansızın, hiç ummadığın bir anda onlardan ayırıverir.

846. İnsan olmak için çabalamana gerek yoktur; tüm çaba isteği seni daha fazla bozacaktır ve daima farkında ol, sen zaten bir insansın!

847. Yürek sadece sever, o tıpkı meyve veren bir ağaç gibidir; sevgisini paylaştıkça mutlu olur. Zihin ise tutkuyu sevgi sanır ve sevgi adı altında her zaman sevilmek bekler, o zaman sen bir esir haline gelirsin!

848. Her zaman mutlu olmak mı istiyorsun? Sen hiç lalelerin yılın her mevsimi açtığını gördün mü ya da bir kayısı ağacının her gün meyve verdiğini? Mutsuzluğu ve acıları, rüzgâr ve kar gibi olgunlaşmak için kullandığında, varoluşun uygunluğunda varlığın mutluluk meyveleri vermeye başlar.

849. Kuşların ötüşüne şahit ol, kelebeklerin dansına şahit ol, aşka şahit ol, sevgiye şahit ol ve dünyaya şahit ol, o zaman her şey senindir; ancak şahitliği bırakıp sahiplenmeye başladığın an her şey bir anda yok olmaya başlar!

850. Kin ve nefret ruhunu görünmez bir kafesin içinde hapis tutar, sevgi ve affetmek ise seni özgür kılar.

851. Nasıl ki bir çiçek tohumunun içinde görünmeyen bir çiçek bahçesi varsa, insan denen varlığında ta derinliğinde Allah'ın rahmeti olan sevgi bahçesi vardır.

852. Dua seninle Allah arasındaki kutsal bir köprüdür, o köprüyü öyle bir aşındır ki, şeytan kahrından başını duvarlara vursun. Ve işte o an en büyük bayramı, en ilahi geceyi kucaklayacaksın.

853. Şayet gönül gözüyle aynaya bakarsan kanatsız bir melek göreceksin. Unutma! Allah gökyüzünü güzelleştirmek için, güneşi, ay ve yıldızları, yeryüzünü güzel kılmak için insanları yaratmıştır.

854. Filizlenmeye hazır bir çiçek gibi inançlı, doğacak bir güneş gibi kararlı, bir çocuk gibi cesur ve yaşam gibi güçlü ol.

855. Sen çabaladıklarını beslersin, onları güçlendirirsin, teslim olduğunda huzur çiçekleri açar, artık güneş doğmuştur, karanlık bulutlar yerini aydınlığa bırakır.

856. Şayet baharın gelmesini bekliyorsan zamana bağlı yaşıyorsun demektir, ben zamanın ötesinde olmandan yanayım. Ve dikkatini çekmek isterim; seni aydınlatan dışarıdaki değil, içeride açan güneş olacaktır!

857. Dışarıdaki güneşe aldanma, şayet senin için karanlıksa onun aydınlığının bir anlamı yoktur. Yaşama renk katan dışarıdaki değil, içinde hissettiğin çiçeklerdir.

858. Hakiki olan sevgi güneş gibidir, iyi ya da kötü ayrımı yapmadan her şeye ışık olur.

859. Bütünü oluşturmak için önce kendini sevmelisin. Hepimiz tek kanatlı melekleriz ve birlik içinde uçabilmemiz için önce kendimizi sevmemiz, sonra da kucaklaşmamız gerekir.

860. Sevdikçe ölümsüzleşir insan, sevmediği her an ise bir ölüdür zaten!

861. Sen doğadan bir parçasın. Ağaçlarla, kuşlarla, kelebeklerle ve çiçeklerle konuşmalı insan; bu unuttuğumuz eksikliği bir kez tamamladığımızda kurumuş gibi gördüğünüz yaşam tekrar yeşermeye başlar.

862. Meyve veren bir ağaç kendisine taş atılıyor diye meyve vermekten vazgeçmez!

863. Madem senin için bu yaşam bir diken, sen de onun üstünde açan bir gül ol ve hayatın tadını çıkar.

864. Sana çamur atıldığında niçin tepki verirsin, sen topraktan geldin de toprağa gideceğini bilmez misin? O çamurun senin varoluşun olduğunu unutmadığın sürece, o çamurun seni yaşama kattığının farkında olduğun sürece kim sana çamur atarsa atsın, orada büyük bir aşk, büyük bir sevgi akışı göreceksin.

865. Kadını küçümseme, kadına derinden saygı duy; çünkü o, senin hem doğumun hem de cennete ulaşman için var olan kutsal bir geçittir.

866. Dünyayı ancak sevgi güzelleştirebilir ve bu büyük adım, toplumsal kural bırakılarak kişinin önce kendini sevmesiyle atılacaktır.

867. Her şeye mazeret bulan bir zihin insanı değil, sorunları, zorlukları ve acıları sevgiyle kucaklayacak bir yürek insanı ol.

868. Hayat başlı başına ne iyi ne kötüdür, ne karanlık ne aydınlıktır, ne sıcak ne de soğuktur, o senin aynandır; içsel dünyanda hangi enerji mevcutsa, hayat onu yansıtır!

869. Biz sevginin kaynağından geldik ve sevginin kaynağına geri döneceğiz; biz bu dünya denen âlemde birer sevgi elçisiyiz.

870. Allah her sıkıntının arkasına bir hediye saklar, fakat insanlar, sıkıntıları kısa bir süre kucaklayıp sonra da ait olduğu evrene geri göndermek yerine onları sahiplendikleri için bu muhteşem hediyeyi fark edemezler.

871. Yüreğinin sesini tanımalısın! O senden çok şey istemez. Onun asla yoğun derecede istekleri yoktur. Onun sesi hiç yüksek çıkmaz. Eğer bir şeyi çok istiyorsan, içinden onu elde etmek adına yüksek sesler geliyorsa, bil ki o, "ego"nun sesidir.

872. Yüreğimizdeki kilitleri açtıkça, bir o kadar daha kendimize yaklaşıyoruz...

873. Allah, gökyüzünü güzelleştirmesi için güneşi ve yıldızları, yeryüzünü güzel kılması için de insanları yaratmıştır. İşte bu yüzden yaşamın en güzel yerinde soluk almayı hak ediyorsun!

874. Mesafeler uzak olabilir, fakat varlığını varlığında yaşattığın sana en yakındır ve o hep seninledir. Ancak varlığı çok yakınındaysa ve sen onu kendi varlığında yaşatmıyorsan o zaten senin için bir ölüdür. O yanındadır, fakat bir cesetten farksızdır.

875. Şayet bir hayvanın canını acıtacak olursan, bir insanın, bir yıldızın ya da bir çiçeğin de canını acıtmış olacaksın; çünkü hepimiz görünmez bir sicimle birbirimize bağlı olarak yaşamı bütün kılmaktayız.

876. Sürekli olumsuz düşünen bir adam vardı ve her defasında düşündükleri başına gelirdi. Arkadaşları onu her olumsuzluğa kapılışında zorla kolundan tutarak Yas Ustası'nın yanına getirirlerdi ve o gün yine Usta'nın yanında almışlardı soluğu... Adam Usta'ya her defasında olduğu gibi inançsızca sordu: Her şeye bir olumluma yapıştırıyorsun, bak ayaklarım kırıldı, hem de ikisi birden; şimdi buna ne diyeceksin? Usta gülümsedi ve şöyle dedi:

"Bunun için üzülme, belki Allah sana kanat verecektir!" Ve şimşek çaktı...

877. Huzur ruhunu sarsın, ruhunun güzelliği yüzüne yansısın ve seninle karşılaşanlar da güzellikleri hissetsin. Sen güzelleş ki dünya değişsin, güzelleşsin.

878. Sana huzur yolunda tüm hücrelerine sonsuz bir enerji yüklendi. Onları boş yere savurmak şeytanın işidir, insanlara kin ve nefret besleyerek bu sonsuz enerjini boş yere tüketmek; içindeki bu sonsuz enerjiyi hissetmemek, Allah'a yaptığın en büyük nankörlük olur.

879. Sevgi dolu dokunuşunla buluşan her çirkinlik eriyerek sevgiye karışacaktır. Sevginin varlığından yükselen güzellikler, çirkinlikleri örtecek kadar güçlü ve esnektir.

880. Sen renkliyken bu hayat kırmızı, yeşil, mavi, mor, sarı, alaca... Sen canlıysan bu hayat canlı... Sen güzelsen bu hayat güzel... Sen olduğun kadar bu hayat var, sen yoksan yaşam da yok... Sen hep güzel kal bu yaşama ve güzelleşsin dünya.

881. Gönlünü verme kendi gönlünün kıymetini bilmeyen birine, senin de kıymetini bilmez, gönlünü üzersin!

882. Her insanın içinde iki ağaç vardır. Biri mutluluk açar diğeri hüzün. Hangisini sularsan onun meyvesini tadarsın.

883. Bir insan egoyu, benliği ve tüm toplumsal etiketlenmeleri bırakıp kendi derinliğine indiğinde karşılaşacağı tek şey sevgi olacaktır.

884. Acı olan yaşamın kendisi değil, içindeki potansiyelin farkında olmamandır.

885. *Arkadaşı Yas Ustası'na sordu:*

"Dışarıda kalabalık var ama sen hiçbir şey yokmuş gibi boş bakıyorsun. Bu nasıl oluyor?"

886. *Usta gülümsedi ve şöyle dedi:*

"İçimdeki boşluk (güzellik), dışarıdaki kalabalığı göremeyecek kadar büyük ve Sevgi dolu!"

Ve o an şimşek çaktı!..

887. Sen, gerçek sen olmadığın için insanları mutlu, kendini mutsuz ve yorgun bırakıyorsun!

888. Dünyayı keşfetmeyi ve onu anlamaya çalışmayı bırakarak kendini keşfe çıktığında, tüm evrenin aslında kendi zihninden ibaret olduğunu göreceksin!

889. "Yaşam, mutluluk ve mutsuzluğa açılan bir kapıdır, hangi yöne açılacağı senin seçimine bağlıdır."

890. Hayatın yükünü taşıdıkça yorulur, yıpranırsın; bırak o seni taşısın. Onun akışıyla birlikte süzüldükçe özgürleşirsin, yoksa üzerindeki yüklerle dibe batmaya devam edersin!

891. Güzeliz bu hayata, renkliyiz, bazen durgun bir su, bazen dalgalıyız; fakat bu şekilde bütünüz, sevgiyiz bu yaşama, aşkız...

892. Kendin için düşündüklerini başkaları için de düşün. Evrene sevgi ve güzellikler yaydığında sana katlanarak geri dönecektir. Aynı şekilde olumsuzluk yaydığında o yine sana katlanarak geri döner; çünkü tüm bu oluş senin içinde gerçekleşmektedir!

893. Ey can! Bana öyle bir gel ki... Gözlerini kapat, zihnini kapat, bana yüreğinle gel ki bu canda can açasın...

894. Sorunlu bir yaşam yoktur, sorunları var eden insanlar vardır. Yaşam nasıl sorunlu olabilir? O sevginin kendisi, o aşkın en saf halidir ve sen kendini yaşamdan ayrı tutmakla büyük bir bölünmeyi gerçekleştiriyorsun! Bu evden uzaklaşmaktır ve evden/özünden uzaklaştığında sorunlar, savaşlar ardı ardına birbirini takip etmeye başlar.

895. Yere düşen ekmeği alıp öperek bir kenara koymasını öğrendik de, yere düşürdüğümüz insanları hiç fark edemedik!

896. Anlık bir zevk uğruna işlersen haram, bir ömür günahını üzerinde taşırsın inan, yorulur bitap düşersin utançtan, değer mi hiç çıkmaya insanlıktan?

897. Hayat bir çember halinde dönmektedir. Büyük hayal kırıklıkları mutsuzluğu, mutsuzluk küçük mutlulukları, küçük mutluluklar da büyük mucizeleri peşinde getirir.

898. Affetmek sihirli bir anahtar gibidir, enerji kapılarını sonuna kadar açar. Şayet kişiyi yürekten gelen bir istekle affedebilirsen mucizelere tanık olman kaçınılmazdır.

899. Sen ve ben olmak bir bölünmedir, her ilişki bir bölünmenin ürünüdür. O sağlıksızdır, bu yüzden ilişki kavramını benimsemiyorum. Bir olmak-biz olmak ise bütün güzellik kapılarının anahtarıdır. O bir maymuncuk gibidir; ama sahte bir şey yapmaz. O yasaldır, o ilahi güzellik içinde bir maymuncuktur, o bütün güzelliklerin kapısını ardına kadar aralar.

900. Bizim yolumuz sevgi yolu, bu yolda sadece sevgi var. Bunu duyumsadığın sürece karşına çıkan bütün sorunlar anlamını yitirecektir. Şayet sorunlar hâlâ seni etkiliyorsa mutlaka senin sevgi yolunda olduğun konusundaki inancında bir eksiklik var demektir. İnancını sorgulayarak tekrar dene, olmuyorsa tekrar dene ve olacaktır!

901. İnsanlar masum olarak doğar, sahte yaşar, yaşlandıkça yine masumlaşırlar!

902. Önemli olan güzel gözlere sahip olabilmek değil, yaşama güzel bakabilmektir.

903. Önce içindeki toprağı verimli hale getirmelisin, şayet senin için kuru bir çöle dönmüşse, oraya gül de eksen kuruyacaktır!

904. Gözlerinden yaşlar akmasa ruhunda açan sevgi çiçeğin beslenebilir miydi hiç? Gözlerinden akan yaşlar üzüntüden değil, yüreğinde filizlenmeye yüz tutmuş tomurcuğa can katmak içindir!

905. Ün, şan, şöhret, para, güzellik gerçek değerler değildir, sen ancak sevgiyle bütünleştiğinde her şey anlam kazanır. Sen kendine olan sevgiden yoksunken bu değerlere sahip olsan da bir anlamı olmayacaktır! Çünkü onlar sevgisiz boş bir dolaba benzer. İçinde hiçbir meyve, hiçbir sebze yoktur. O vitaminsizdir, tüm enerjiden yoksundur.

906. *Arkadaşı Yas Ustası UK'yi ziyareti sırasında sordu:*

"Yaşamın içinde bunca sorunlar varken bunların hiçbirinden etkilenmemeyi nasıl başarıyorsun?"

907. *UK gülümsedi ve şöyle dedi:*

"Başardığım bir şey yok; ben sadece severim, yaşam ne sunarsa sunsun ben sadece severim ve her şey sevgiye dönüşür!"

908. Ağlamak, tıpkı nefes almak, yemek yemek, hatta elbise giymek kadar doğaldır, insanlar onu bastırdığı için büyük bir enerji kaybı yaşarlar. Şayet ağlamak geliyorsa içinden gözyaşlarını tutma, bundan şikâyet duyma, tam aksine bu varlığının akışı, içinde tıkanmış sonsuz enerji nehrinin kanallarının akışına vesiledir.

909. Hayat ne karanlık ne de aydınlıktır, ne sıcak ne de soğuktur, o sadece senin aynandır; içsel dünyanda ne hissedersen hayat sana onu yansıtır!

910. Olanları reddetmekle kendini yaşama kapatıyor ve bu yüzden kendi derinliğine inemiyorsun. Kulaktan dolma bilgilerin var ve onları kendi doğruların olarak benimsemişsin. Yüzeydesin, çok yüzeyde ve dışarıda kaldığın sürece gerçekleri kaçıracaksın! Sadece kendin gibi davranman kâfidir!

911. Hata yapmaktan korkma! Bu kökleşmiş düşünce başarıya giden yolda seni sadece yolda bırakmaktan başka bir işe yaramaz! Denemediğin sürece neler başarabileceğini bilemezsin.

912. Unutma ki, insanların başarısızlık dediği şey, aslında başarıya uzanan yolda olması gereken çakıl taşlarıdır.

913. Bu yol o taşlarla anlamlıdır. Taşı da sev yolu da! Gülü de sev dikenini de; çünkü onlar birlikte bütündürler. Başarı ve başarısızlık, mutluluk ve mutsuzluk... Biri olmadan diğeri anlamsızdır, ikisi aynı kapının farklı yöne açılan tokmakları gibidir! Ve kusursuz olmaya çalışma! Bu düşünce seni kendini sevmekten uzaklaştırarak başkalarından ilgi beklemeye yönlendirmektedir.

914. Ben senin cennetine erişme yolculuğunda bir korkağa değil, şarkılar söyleyen cesur bir yüreğe dönüşmeni görmek istiyorum.

915. İnsanlar hep yarım haldedir; fakat bir yanlarının eksik olduğunun çoğu farkında değildir. Onlar, düşündükleri ile söylediklerinin ahengini yakaladığında bir bütünü oluşturacaklardır. O zaman maskeler düşecek ve ruh hafifleyecektir; tıpkı kanat çırpan bir kuş gibi kalpleri özgürce kanat çırpacaktır.

916. Sen çiçek açmaya devam et, seni mutlu edecek olan insanlar değil, varlığında açan çiçeklerinin kokusu olacaktır.

917. Sen müziğin kendisi ol, o zaman işittiğin tüm hakaretler bir notaya/şarkıya dönüşecektir.

918. Dışarıdaki cennete ulaşma isteğinden önce içindeki cenneti keşfetmeye bak, önce oradan diplomanı al; yoksa sana sunulmuş olan bu yaşam bir ıstıraba dönüşecektir ve unutma ki, içindeki cennetten mezun olamadıkça dışarıdaki cennete ulaşamazsın! Sen yeter ki sevgi yoluyla buluş, bu yolda karşına çamur deryası da çıksa, yırtıcı kuşlar da üzerine üşüşse sen hepsinin derinliğindeki mutlak sevgiyi göreceksin!

919. Bizim yolumuz sevgi yolu, bizim yolumuzda bakmak yok, görmek var ve görünen her şeyin içinde saf sevginin olduğunun zihinsel ötesi bilincindeyiz.

920. Karşına çıkan her olumsuz duruma şükret ve minnet duy, göreceksin ki senin kızgınlığın, kırgınlığın, öfken, stresin, hastalığın, bir merhamete/sevgiye dönüşecektir.

921. Sen izin vermediğin sürece kimse seni küçük düşüremez, kimse seni üzemez. Sen kendini terk etmedikçe kimse seni terk edemez!

922. Ey can, duydum ki beni terk etmişsin...
İstediğin kadar uzağa git.
Sen bende kaldıktan sonra...
Ben seni terk etmedikten sonra...
Sen nereye gidersen git, bu canda yaşayacaksın.

923. Yaratılan her şeyin beslenmeye ihtiyacı olduğu kadar kabul görmeye de ihtiyacı vardır. Mutsuzluk kabul görmek ister ve seni ziyaret eder, fakat sen onu reddettiğin için çekim daha çok büyümeye başlar. Bir kez mutsuzluğu sevgiyle kabul ettiğinde artık o erimeye, zararsız bir enerji olarak evrenin boşluğunda beklemeye başlar.

924. Mutluluk ve mutsuzluk aynı kapının farklı yöne açılan taraflarıdır. Hangi yöne gitmek istediğine sen karar verirsin.

925. İnsanların en büyük yanılgısı hayatı taşıma fikridir. O çok büyük bir yük, onu nasıl taşıyabilirsin ki? Fakat sen bunu yapıyorsun ve bu sana çok fazla yorgunluk veriyor, artık kaldıramaz hale geliyorsun! Ve batmaya, dibe vurmaya başlıyorsun. O kadar dolusun ki bir bataklığa saplanmış gibi kalıyorsun, kilitleniyorsun, ne yapacağın şaşırıyorsun. Tüm bunlar hayatı taşıdığın için gerçekleşiyor. Ben senin hayatı taşıyarak yorulmandan değil, tam aksine ona teslim olarak yaşamın eşsiz enerjisini varlığına doldurmandan yanayım. O halde tevekkül et, huzurun ilk adımı tevekküldür.

926. Gözlerini kapat ve ellerini yıldızlara doğru uzat, onlara dokunamasan bile tüm varlığınla hissetmiş olacaksın!

927. Şayet farkında olursan çiçekler çok daha anlamlı gözükmeye başlar. Bir gülün nasıl koktuğunu bilirsin ve onu koklarsın ama bu bilgiyle uzandığın bir koklamadır, onun anlamı yoktur, o kokar ve kokusu çabuk geçer. Farkındalıkla gülü kokladığında ise onunla bütünleşirsin ve onun kokusu varlığına dolar.

928. Sen bedeninde yaşıyorsan sağlam da gözüksen sakatsındır. Şayet sen varlıktan ibaret olduğunun, varlığın özü olduğunun farkındaysan bedenin sakat da olsa sapasağlamsındır.

929. Allah size bu elleri başkalarını kırmak, incitmek, savaşmak ve vurmak için vermedi, bu eller; sizin gibi varlığı çiçek açmış insanları ve O'nun yarattığı canlıları sevmek, okşamak içindir.

930. Bırak gözlerinden yaşlar aksın, onları sakın bastırma; senin içinde yıllarca biriktirdiğin çakıl taşları, tortular ve tozlar var, gözyaşların onları temizleyecektir. Senin olumsuz gördüğün her şeyin derinliğinde mutlak sevgi vardır. Sadece farkında ol, bu yeterlidir.

931. Bitkiler sonsuz bir rahmetin içinde ilahi nurla yaşarlar, onlar hep zikir halindedir, bu yüzden Allah'la arasında bir perde yoktur.

932. Güneş önüne bulutlar geçiyor diye kendi özünden hiçbir şey kaybetmez!

933. Karşılaştığın her duyguda, her düşüncede, her olayda, her insanda, her hayvanda Allah'ın izi vardır; çünkü her şey O'nun izniyle tezahür etmektedir.